VINTE LUAS

LEYLA PERRONE-MOISÉS

VINTE LUAS

Viagem de Paulmier de Gonneville ao Brasil 1503-1505

2ª edição

COMPANHIA DAS LETRAS

Capa:
Moema Cavalcanti

Vinhetas:
Moema Cavalcanti
sobre frisa da igreja de Saint-Jacques, Dieppe, França

Preparação:
Márcia Copola

Revisão:
Cecília Ramos
Ana Maria Barbosa

1ª edição 1992

Dados Internacionais de Catalogação na Publicação (CIP)
(Câmara Brasileira do Livro, SP, Brasil)

Perrone-Moisés, Leyla.
Vinte luas : viagem de Paulmier de Gonneville ao Brasil : 1503-1505 / Leyla Perrone-Moisés. — São Paulo : Companhia das Letras, 1992.

Bibliografia.
ISBN 85-7164-241-9

1. Brasil — História — Invasão francesa — 1549-1614 2. Paulmier de Gonneville, Binot, séc. 16 3. Viajantes — Brasil — Século 16 I. Título. II. Título: Viagem de Paulmier de Gonneville ao Brasil.

92-0267 CDD-910.92

Índices para catálogo sistemático:
1. Brasil : Viajantes : Vida e obra 910.92

1996

EDITORA SCHWARCZ LTDA.
Rua Bandeira Paulista, 702, cj. 72
04532-002 — São Paulo — SP
Telefone: (011) 866-0801
Fax: (011) 866-0814

ÍNDICE

Deixo aqui meus agradecimentos àqueles que me auxiliaram no decorrer da pesquisa, pondo à minha disposição seu saber, suas bibliotecas ou um ouvido interessado: Frédéric Mauro, Tzvetan Todorov, Mario Carelli, Pierre Rivas, Jacqueline Penjon, Erasmo d'Almeida Magalhães, Maria Beatriz Nizza da Silva, Jorge Couto, Francisco Achcar, Benjamin Abdala Junior, Manuela Carneiro da Cunha, Pauline Alphen, Glória Carneiro do Amaral, Elisa A. Kossovitch, Irlemar Chiampi, Lili Schwarcz, Maria Emília Bender, Maria Lúcia Perrone de Faro Passos, Beatriz Perrone-Moisés; e ainda: Yves Nédélec, dos Arquivos Departamentais da Mancha, Alain Girard, conservador das Bibliotecas da Cidade de Caen, e Maria Itália Causin, bibliotecária do IEB-USP.

INTRODUÇÃO

Na virada do século XV para o XVI, a França estava tão interessada em descobrir novas rotas e novos mundos quanto a Espanha e Portugal. Esse interesse não correspondia, entretanto, a nenhum projeto oficial, e as primeiras investidas francesas no Atlântico se deveram a iniciativas particulares, de caráter comercial.

Marinheiros bretões e normandos, herdeiros de uma secular experiência de navegação pesqueira, ampliaram progressivamente suas rotas e, informados das buscas e achados dos outros, encontraram também o caminho do Novo Mundo. Nesse grande movimento coletivo para o Oeste, os franceses, pode-se dizer, corriam por fora. E se, de início, não chegavam a ameaçar as então grandes potências marítimas, conseguiam porém resultados surpreendentes e logo se tornariam incômodos para os ibéricos.

A primeira parte da América alcançada pelos franceses foi o Brasil. Segundo a tradição transmitida oralmente desde o século XVI, e consignada por vários autores dos séculos XVIII e XIX, Jean Cousin, de Dieppe, teria descoberto nosso país em 1488. Não existe, porém, nenhuma prova dessa viagem.

Se, o que é agora consenso, os franceses não precederam Cabral na descoberta do Brasil, pelo menos estiveram bem próximos de o fazer. Quatro anos após a chegada de Cabral, um navio normando chegou à costa sul de nosso país, e seu capitão deixou um relato de viagem do mais alto interesse para nossa história e para a dos descobrimentos em geral. É dessa viagem, rica em observações e fértil em desdobramentos históricos e culturais, que tratarei aqui.

É ao mesmo tempo surpreendente e compreensível que essa viagem seja pouco estudada pelos historiadores franceses e quase ignorada pelos brasileiros. Os relatos posteriores de André Thevet (*As singularidades da França Antártica*, 1571) e de Jean de Léry (*Viagem à terra do Brasil*, 1578), implicando a experiência maior da malograda implantação da França Antártica, em 1555, eclipsaram, por sua extensão tanto quanto por suas qualidades literárias, o modesto relato do capitão normando. Este é, no entanto, o primeiro testemunho francês sobre o Brasil, o primeiro documento das relações entre os dois países. É, também, o mais antigo documento dos contactos franceses com a América. A nós, brasileiros, ele interessa também como texto contemporâneo e congênere da famosa carta de Pero Vaz de Caminha. Isso bastaria para que lhe dedicássemos nossa atenção.

Mas o que torna essa história ainda mais atraente é o fato de ela ter uma continuação nos séculos seguintes, e das mais romanescas. É essa bela história que vou contar neste livro, resultado de três anos de pesquisa em bibliotecas e arquivos franceses e brasileiros. Três anos durante os quais eu viajei, no tempo e no espaço, com o prazer das descobertas objetivas e dos devaneios pelos caminhos do apenas imaginável. O relato histórico, tanto quanto o ficcional, é sem limites de extensão. As ramificações, os pormenores e as especulações são infinitos. Os limites do discurso histórico são os documentos. Mas, na interpretação e na interligação dos documentos, é a imaginação que constrói a verdade possível, sobretudo quando os documentos são poucos e lacunares.

Acerca de certas histórias reais, diz Ezra Pound: "A arte só é necessária quando a vida não tem estrutura aparente, isto é, quando os efeitos ou a conclusão de uma causa estão a tal ponto afastados ou dissimulados que só a arte pode mostrar sua relação". Quando o fato real tem forma e acabamento, diz Pound, a arte seria "um espelho da arte" (*The spirit of romance*). Na história que vou contar, certos fatos superam aquilo que um romancista poderia imaginar, e alguns documentos têm uma graça estilística insuperável. Assim sendo, pretendo contá-la do modo mais simples, embora também do modo mais completo.

Embarquei nesta viagem sem ser historiadora nem romancista. Digamos que a fiz na condição de "curiosa". O "curioso" é um tipo característico do Renascimento e, como se verá, na tripulação do navio normando em questão, iam dois indivíduos nessa condição. A curiosidade de ambos foi punida. Espero que a minha seja prazerosamente compartilhada pelos leitores.

Partamos, então, nesta viagem.

Em 1453, a França conseguiu sair da longa guerra contra os ingleses (Guerra dos Cem Anos); alguns dos episódios culminantes dessa luta, como a execução de Joana d'Arc, em 1431, ocorreram na Normandia, retomada aos ingleses em 1450. O Rei Carlos VII (1403-61) reconstituiu então as finanças do país e o dotou de uma sólida marinha de guerra, que expulsou definitivamente os ingleses em 1457; apenas Calais permaneceu ocupada. O reinado seguinte, de Luís XI (1461-83), não foi, entretanto, tranqüilo, mas agitado por guerras civis e pelas divergências entre senhores feudais. Somente em 1484, sob Carlos VIII (1470-98), realizou-se a união francesa em torno da Coroa (os *Etats Géneraux*) e começou um período de calma relativa, durante o qual o comércio e a indústria prosperaram.

O grande comércio, nos primeiros anos do século XVI, implicava navegação. O gosto renascentista pelo luxo começava a exigir vultosas importações de produtos como tecidos vistosos e objetos raros, além das especiarias, cada vez mais utilizadas na culinária. Tais produtos passaram a circular intensamente entre os portos europeus, agora abastecidos mais facilmente das riquezas do Oriente, graças à rota aberta por Vasco da Gama em 1497.

A Normandia é uma província particularmente bem situada para o comércio marítimo, com acesso fácil aos portos do mar do Norte, por um lado, e, por outro, com a porta aberta para o Atlântico. Portugal, assim como a Espanha, tinha acordos comerciais firmados com a Normandia desde o século XIV, contratos que garantiam aos portugueses facilidades para traficar nos portos normandos e permitiam, a estes, fazer o mesmo em Lisboa.

Nos primeiros anos do século XVI, intensificou-se notavelmente a circulação de navios entre Dieppe, Honfleur e Lisboa, porto tornado chave para o comércio com as Índias. De Lisboa, os normandos traziam tanto mercadorias como preciosas informações náuticas e cartográficas, conseguidas por meios lícitos ou escusos.

De modestos comerciantes, os normandos se transformaram, então, em grandes empresários, importadores e exportadores, armadores de navios cada vez mais sólidos e numerosos. Os entrepostos comerciais articularam-se com estaleiros ativíssimos. A velha tradição marítima dos pescadores ganhou apoios técnico-científicos sofisticados. O centro dessa nova ciência seria, em meados do século, a Escola de Hidrografia de Dieppe, fundada pelo Abade Desceliers, matemático e astrônomo, autor de preciosos mapas e portulanos. Interessados em seu saber, os armadores normandos financiaram seus estudos, dando-lhe recursos para adquirir livros e instrumentos.

Mas, antes mesmo da existência dessa Escola, o saber dos mares circulava na Normandia. Um historiador do começo de nosso século diz o seguinte: "As costas setentrionais da América do Sul foram levantadas e representadas nos mapas desde os primeiros anos do século XVI. Os normandos se inspiraram, certamente, em produções portuguesas e espanholas, para o traçado e a nomenclatura dessas regiões. Os principais mapas-múndi em que eles colheram suas informações foram os de Juan de la Cosa (1500), um mapa anônimo de 1502 publicado por Kuntsmann, os mapas de Cantino (1502) e de Nicolau de Canerio (1502)".[1]

Os relatos de outros viajantes também eram importantes fontes de informação. "Foi por relatos de viajantes estrangeiros, e freqüentemente por traduções, que os franceses souberam que era possível ir à Índias atravessando o Oceano."[2] A imprensa, recém-inventada, teve um grande papel nessa difusão de relatos: "Os textos impressos em Paris, freqüentemente em latim, no fim do século XV e no primeiro terço do XVI são suficientemente numerosos para que se possa julgar o interesse que os franceses tiveram, desde a origem, pelas grandes descobertas".[3] As cartas de Colombo, por exemplo, já estavam editadas em Paris desde 1493; e em 1503 há uma publicação francesa da versão latina da viagem de Américo Vespúcio.

(1) A. Anthiaume, *Cartes maritimes. Constructions navales. Voyages de découvertes chez les Normands. 1500-1650*, Paris, Ernest Dumont Editeur, 1916, V. II, p. 173.

(2) Gilbert Chinard, *L'exotisme américain dans la littérature française au XVIᵉ siècle*, Genève, Slatkine Reprints, 1970 (1.ª ed. Paris, 1911), pp. 1-2.

(3) Idem, p. 2.

Este é o quadro sucinto da situação da Normandia, no que se refere ao comércio marítimo, em 1503, quando começa a aventura do Capitão Binot Paulmier de Gonneville, o primeiro francês que chegou às nossas terras. Passo a palavra aos protagonistas desta história.

1

RELAÇÃO DA VIAGEM DO CAPITÃO DE GONNEVILLE ÀS NOVAS TERRAS DAS ÍNDIAS

RELAÇÃO AUTÊNTICA

Os oficiais do Almirantado de França[1]
na Sede Geral da Mesa de Mármore do Palácio de Ruão[2]
fazem saber
que dos registros do cartório da dita Sede,
ano de mil quinhentos e cinco,
foi extraído e colacionado com a minuta original o que segue.

DECLARAÇÃO DA VIAGEM DO CAPITÃO GONNEVILLE
E SEUS COMPANHEIROS ÀS ÍNDIAS,
e observações feitas durante a dita viagem apresentadas à Justiça
pelo Capitão e os ditos companheiros,
conforme requerido pela gente do Rei nosso Senhor
e ordenado lhes foi.

Primeira parte
ARMAÇÃO DO NAVIO

Primeiramente dizem que, traficando em Lisboa, ele Gonneville e os honrados varões Jean l'Anglois e Pierre le Carpentier,

(1) O Almirantado era um órgão administrativo e judiciário. Funcionava nos principais portos e acolhia todas as causas, civis ou criminais, referentes à polícia e ao comércio marítimo.

(2) A Mesa de Mármore era aquela que se encontrava na sala principal do Palácio, e em torno da qual se reuniam três jurisdições: a do Almirantado, a dos Condestáveis e a das Águas e Florestas.

vistas as belas riquezas de especiarias e outras raridades que chegavam àquela cidade por navios portugueses vindos das Índias Orientais, há alguns anos descobertas, combinaram de lá enviar um navio, depois de bem se informarem junto a alguns que tinham feito tal viagem e de contratarem por alto salário dois portugueses que de lá tinham voltado, um chamado Bastião Moura, o outro Diogo Couto, para que, no caminho das Índias, eles os ajudassem com seu saber.

E porque os três acima mencionados não tinham bastantes faculdades para realizarem sozinhos tão alta empresa, associaram-se aos honrados varões Etienne e Antoine, conhecidos como os irmãos Thiéry, Andrieu de la Mare, Batiste Bourgeoz, Thomas Athinal e Jean Carrey, burgueses de Honfleur, e os nove, com gastos e despesas comuns, equiparam um navio do porte de cento e vinte toneladas, aproximadamente, chamado *L'Espoir*, que somente havia servido para fazer uma viagem a Hamburgo, bom de casco e de velas e dos mais bem equipados e aparelhados do porto de Honfleur; e nenhuma economia foi feita pelos burgueses para bem aprovisionar o dito navio, segundo o inventário de mostra, a saber:

Como munições de guerra:

Dois canhões fundidos de cobre e latão;

Dois canhonetes de igual fundição;

Seis falconetes e bombardas de ferro fundido de variados calibres e cargas;

Quarenta mosquetes, arcabuzes e outras armas de fogo;

Mil e seiscentas libras de balas de diversos calibres para as artilharias, não compreendidas aí três dúzias de balas de cavilha e correntes;

Além disso, quatrocentas libras de balas para as citadas armas de fogo e chumbo em barras e lingotes;

Quinhentas libras de ferragens e metralhas para as ditas artilharias;

Duas mil libras de pólvora de canhão, um quinto dela granulada;

Trezentas e cinqüenta mechas para as armas de fogo;

As ditas artilharias montadas em suas carretas, e guarnecidas do número e quantidade necessários de soquetes com saca-trapo na ponta, agulhões, escovilhões, placas, vertedouros, palmetas, pinças de mira e outros bota-fogos, cartuchos de ferro e de madeira, pergaminho e papel grosso para cartuchame, bragas guarnecidas de roldanas, rocegas e outros pertences necessários;

Quarenta lanças, dardos, partasanas e adagas;

Além disso, para substituição:
Duas carretas;
Seis rodas de carreta;
Uma dúzia e meia de peças de ferro sobressalentes;
Seis ganchos para cordas;
E quatro dúzias de cavilhas e chavetas.

E também como munições de navegação, para substituição:

Duas âncoras além das ordinárias, pesando uma quinhentas, outra trezentas libras;

Dois cabos suplementares, um de cento e vinte braças, outro de cem;

E dois cabos de massa, também para substituição;

E seiscentas varas de lona de algodão, tanto dupla quanto simples, pano cru e tratado para troca de velas;

Oito vaquetas para as bombas e vergas dos gurupés;

Seis machadinhas afiadas para cortar enxárcias;

Uma dúzia de machadinhas, de combate como de trabalho;

E um timão e barra de leme para substituição.

E tudo isso verificado verdadeiro pelo inventário acima fornecido, mostrando a grande perda que o dito Capitão e companheiros sofreram com a pilhagem e o saque de seu navio, razão pela qual eles se queixam à Justiça; no qual inventário haviam omitido, por inadvertência ou por outra razão qualquer, a menção da quantidade e das espécies de suas munições.

Além disso foi o dito navio abastecido de biscoito, grão e farinha para cerca de dois anos, visto o número de pessoas da tripulação;

Ervilhas, favas, toicinho, carne de cabra e peixes salgados e secos, sidras e outras bebidas, sem contar a provisão de água, para um ano ou mais;

E também foi abastecido de muitos alimentos frescos antes da partida;

Também foi aviada a arca do Cirurgião do navio com numerosos medicamentos de primeira necessidade e com os instrumentos e utensílios de sua arte.

Quanto às mercadorias, foi o navio carregado de:
Trezentas peças de tecidos diversos;

Machados, enxadas, foices, relhas, segadeiras num total de quatro milheiros;

Dois mil pentes, de várias espécies;

Cinqüenta dúzias de espelhinhos;

Seis quintais de miçangas de vidro;

E oito de quinquilharias de Ruão;

Vinte grosas de facas e canivetes;

Um fardo de alfinetes e agulhas;

Vinte peças de droguete;

Trinta de fustão;

Quatro de tecido tingido escarlate;

Oito outras de diversas estampas;

Uma de veludo com figuras;

Algumas outras douradas;

E moedas de prata que, segundo souberam, valiam na Índia tanto quanto ouro.

E tudo igual ao que costumam carregar os portugueses, por serem essas coisas, do lado de lá e no caminho, as de melhor tráfico.

Dizem que no navio embarcaram ao todo sessenta almas; e com o acordo de todos, e especialmente dos burgueses do navio, foi estabelecido capitão e chefe principal aquele de Gonneville, para governar a viagem da melhor forma, com os conselhos de Andrieu de la Mare e Antoine Thiéry, dos ditos burgueses do navio que faziam a viagem.

E para o mister do mar ia como piloto Colin Vasseur, de Saint-Arnous-lez-de-Touques, bom e velho navegador e mestre; e Nollet Epeudry de Grestaing, co-piloto.

E todos, tanto os principais quanto os companheiros, receberam antes de partir os sacramentos, tanto pela fortuna de tão longa viagem quanto pela dúvida de não os receberem por muito tempo, já que não havia capelão no navio e eles iam para fora da Cristandade.

E assim partiram do porto de Honfleur, no próprio dia de Monsenhor São João Batista[3] do ano da graça de mil quinhentos e três.

(3) 24 de junho.

Segunda parte
VIAGEM DE IDA

Dizem também que tendo partido, e sendo o mar aflorado por vento nordeste propício, em dezoito dias mais ou menos chegaram à ilhas Canárias, que são terras altas, sobretudo a de Tenerife, entre a qual e a de Gomera passaram sem parar, indo daí em direção da Barbaria,[4] costeando este país, que é terra chã e campanha rasa.

Da Barbaria foram à demanda das ilhas de Cabo Verde, cheias de montanhas e rochedos, habitadas por portugueses que aí fazem tráfico de cabritos, abundantes nas ditas ilhas.

E passando adiante, chegaram à grande terra de Cabo Verde, país de mouros, os quais trocaram com os do navio cuxu,[5] uma espécie de arroz, galinhas pretas e outras vitualhas, por ferro, miçangas e outras bugigangas; e foi o navio refrescado, provido de água e limpo das conchas. Para tanto, aí permaneceu durante dez dias.

Também dizem que tendo retomado o mar, na véspera do dia de São Lourenço,[6] foi decidido seguir ao longo da costa da África, para evitar os perigos e a pestilência dessa costa. E tinham então vento bastante favorável, que assim continuou por seis semanas; entretanto, às vezes elevavam-se turbilhões em tempo sereno, que atormentavam muito mas não duravam. E também eram incomodados por chuvas fétidas, que manchavam as roupas; caindo sobre a pele, provocavam borbulhas; e eram freqüentes.

Dizem também que a linha do Equador foi por eles ultrapassada no dia doze de setembro; e viram, tanto de um lado como de outro, peixes-voadores em bandos como fariam em França os estorninhos, com asas como as dos morcegos, e de tamanho próximo ao do arenque branco. Além disso viam-se peixes-galos, golfinhos e outros peixes, que os marinheiros pescavam para fazer caldeiradas.

Começou então no navio o mal do mar,[7] que afligiu dois terços da tripulação; e disso morreram o Senhor Coste, de Harfleur, que por curiosidade fazia a viagem; Pierre Estieuvre e Louis Le Car-

(4) Nome antigo dos países da África do Norte.

(5) *Couchou*: forma antiga da palavra *cuscuz*, registrada em *Trésor de la langue française*, dir. Paul Imbs, Paris, Éditions de CNRS, 1978.

(6) 9 de agosto.

(7) O escorbuto.

pentier, de Honfleur; Cardot Hescamps, artilheiro de Pont-eau-demer; Marc Drugeon de Breuil e Philippe Muris, de Touques.

E desde então começaram a dirigir-se pelo Cruzeiro do outro Pólo.

Dizem também que oito dias depois do dia de Todos os Santos[8] viram flutuando no mar longos e grossos caniços com suas raízes, que os dois portugueses disseram ser sinal do Cabo da Boa Esperança, o que lhes deu grande alegria; e porque não viam os pássaros chamados mangas-de-veludo,[9] pensavam que o navio estivesse cursando muito abaixo do dito Cabo; e também porque sentiam mais frio.

Dizem que então começaram a ter tempo e vento contrários, de modo que, durante três semanas, não avançaram nada. E morreu-lhes Colin Vasseur, seu piloto principal, de apoplexia súbita; o que foi grande perda para a viagem.

E foi essa infelicidade seguida de outra, a saber, rudes tormentas, tão veementes que obrigados foram a se deixarem ir, por alguns dias, ao sabor do mar, ao abandono; e perderam a rota; o que muito os afligia, dada a necessidade que tinham de água e de se refrescarem em terra.

Dizem que a tormenta foi seguida de algumas calmarias, de modo que eles pouco avançavam. Mas Deus os reconfortou, pois começaram a ver vários pássaros, vindo e voltando para o lado sul, o que os fez pensar que não estavam afastados da terra: razão pela qual, embora ir naquela direção fosse voltar as costas à Índia Oriental, a necessidade os fez virar as velas; e no dia cinco de janeiro descobriram uma grande terra, onde só puderam arribar no crepúsculo do dia seguinte, por causa de um vento de terra contrário; e ancoraram em bom fundo.

E já naquele dia alguns tripulantes foram à terra reconhecer; e já na manhã seguinte foi enviada uma barga à costa para encontrar um porto, e voltou à tarde; e conduziu o navio a um rio que ela havia achado, e que é quase como o rio Orne.

(8) 9 de novembro.

(9) Atobá (*Sula dactylatia*), pássaro do Atlântico Sul. Tem plumagem branca com remígios de um negro aveludado. Mantive, na tradução, o nome francês (*manches de velours*), por ser este mais sugestivo.

Terceira parte
ESTADA NAS NOVAS TERRAS DAS ÍNDIAS

Dizem terem permanecido no dito país até o mês de julho seguinte, por estar o navio tão carunchoso e gasto que tinha grande necessidade de limadura: no que foi empregado não pouco tempo, por falta de operários com prática nessas coisas.

E aí os companheiros do navio decidiram voltar à França, recusando-se a navegar do dito lugar até a Índia, dizendo que aquele mar ainda não fora navegado por cristãos, que o tempo fora perdido, e também o principal piloto, que era a principal fiança da viagem; e que, ainda mais, o dito navio não poderia agüentar tal percurso. De modo que, por essas e outras razões, que todos endossaram, para desencargo do Capitão, foi decidida a volta à Cristandade.

Dizem também que, durante sua permanência na dita terra, conversavam cordialmente com as gentes dali, depois que elas foram cativadas pelos cristãos por meio das festas e pequenos presentes que estes lhes faziam; sendo os tais Índios gente simples, que não pediam mais do que levar uma vida alegre sem grande trabalho; vivendo da caça e da pesca, e do que a terra lhes dá de per si, e de alguns legumes e raízes que plantam; indo meio nus, os jovens e a maioria dos homens usando mantos, ora de fibras trançadas, ora de couro, ora de plumas, como aqueles que usam em seus países os egípcios e os boêmios, exceto que são mais curtos, com uma espécie de avental amarrado sobre as ancas, indo até os joelhos, nos homens, e nas mulheres até o meio das pernas; pois homens e mulheres se vestem da mesma maneira, exceto que a vestimenta da mulher é mais longa.

E usam as fêmeas colares e pulseiras de osso e de conchas; não o homem, que usa, em vez disso, arco e flecha tendo por virotão um osso devidamente acerado, e um chuço de madeira muito duro, queimado e afiado no alto; o que constitui toda a sua armadura.

E vão as mulheres e as meninas com a cabeça descoberta, tendo os cabelos gentilmente trançados com cordéis de ervas tingidas de cores vivas e brilhantes. Quanto aos homens, usam longos cabelos soltos, com um círculo de plumas altas, de cores vivas e bem dispostas.

Dizem ainda terem entrado no dito país, aí avançando por dois dias, e ao longo da costa mais tempo, tanto à direita como à esquerda; e terem notado que o país é fértil, provido de muitos animais, pássaros, peixes, árvores, e outras coisas singulares desconhecidas na Cristandade, cujas formas o falecido senhor Nicole Le Febvre de Honfleur, que fazia a viagem como voluntário, curioso e personagem de saber, tinha retratado; o que se perdeu com os diários de bordo por ocasião da piratagem do navio; perda em razão da qual muitas coisas e boas observações são aqui omitidas.

Também dizem que o dito país é medianamente povoado.

E as habitações dos índios formam aldeias de trinta, quarenta, cinqüenta ou oitenta cabanas, feitas à maneira de galpões com estacas unidas umas às outras, ligadas por ervas e folhas, com as quais os ditos habitantes são igualmente cobertos; e têm por chaminé um buraco, para fazer sair a fumaça. As portas são bastões corretamente ligados; e eles as fecham com chaves de madeira, quase como as que se usam, nos campos da Normandia, nos estábulos.

E seus leitos são esteiras macias cheias de folhas ou penas, suas cobertas são esteiras, peles de animais ou plumagens; e seus utensílios domésticos são de madeira, mesmo as panelas, mas estas são revestidas de uma espécie de argila da espessura de um dedo, o que impede que o fogo as queime.

Também dizem ter notado que o dito país está dividido em cantões, cada um com seu Rei; e embora os ditos Reis não sejam mais bem alojados e vestidos do que os outros, são muito reverenciados por seus súditos; e nenhum é tão atrevido que ouse desobedecer-lhes, já que eles têm poder de vida e de morte sobre seus vassalos. Disso alguns do navio viram um exemplo digno de memória, a saber, o de um rapaz de dezoito a vinte anos que, num momento de exaltação, deu uma bofetada em sua mãe; tendo isso chegado ao conhecimento do chefe, embora a mãe não se tenha queixado, este mandou buscar o rapaz e ordenou que o jogassem no rio, com uma pedra no pescoço, depois de chamar, por aviso público, os jovens da aldeia e das aldeias vizinhas; e ninguém conseguiu obter remissão, nem mesmo a mãe que, de joelhos, veio implorar perdão para seu filho.

O dito Rei era aquele em cuja terra permaneceu o navio; seu nome era Arosca. Seu país tinha a extensão de um dia, e era povoado de cerca de uma dúzia de aldeias, cada uma das quais tinha seu capitão particular, e todos obedeciam ao dito Arosca.

O dito Arosca tinha, ao que parece, uns sessenta anos, e era viúvo; tinha seis filhos machos de trinta até quinze anos; e vinham, ele e os filhos, freqüentemente ao navio. Homem de postura grave, estatura média, gordinho, de olhar bondoso; em paz com os Reis vizinhos, mas ele e estes guerreavam com outros povos das terras interiores: contra os quais investiu duas vezes, durante a estada do navio, levando de quinhentos a seiscentos homens cada vez. E da última vez, seu retorno foi motivo de grande alegria para todo o seu povo, porque ele tinha alcançado grande vitória; suas ditas guerras não eram mais do que excursões de poucos dias contra o inimigo. E ele bem que gostaria que alguns do navio o acompanhassem com suas armas de fogo e artilharia, para atemorizar e desbaratar seus ditos inimigos; mas disso a gente se escusou.

Também dizem que não notaram nenhum sinal particular que distinguisse o dito Rei dos outros Reis do dito país, dos quais cinco vieram ver o navio, afora que os ditos Reis usam na cabeça plumagens de uma única cor; e seus vassalos, pelo menos os principais, usam em seus círculos de penas algumas da cor de seu chefe, que era o verde na do dito Arosca, seu hospedeiro.

Também dizem que se os cristãos fossem anjos descidos do céu não seriam mais estimados por esses pobres índios, que estavam todos assombrados com a grandeza do navio, com a artilharia, os espelhos e outras coisas que eles aí viam, e sobretudo com o fato de que, por um recado escrito que se enviasse de bordo aos tripulantes que estavam nas aldeias, se lhes fizesse saber o que se queria; eles não conseguiam explicar como o papel podia falar. Também por isso os cristãos eram por eles temidos, e pelo amor de algumas pequenas liberalidades que lhes faziam, pentes, facas, machados, espelhos, miçangas e outras bugigangas, tão amadas que por elas se deixariam esquartejar, e lhes traziam abundância de carne e peixes, frutas e víveres, e tudo o que eles viam ser agradável aos cristãos, como peles, plumagens e raízes para tingir; em troca do que lhes eram dadas quinquilharias e outras coisas de baixo preço: de modo que reuniu-se cerca de cem quintais das ditas mercadorias, que na França teriam alcançado bom preço.

Dizem também que, desejando deixar, no dito país, marcas de que ali haviam chegado cristãos, foi feita uma grande cruz de madeira, alta de trinta e cinco pés ou mais, bem pintada; a qual foi plantada num outeiro com vista para o mar, em bela e devota cerimônia, tambor e trombeta soando, em dia bem escolhido, a saber, o dia de Páscoa de mil quinhentos e quatro. E foi a dita cruz carregada pelo Capitão e pelos principais do navio, todos descalços; e ajudavam-nos o dito chefe Arosca e seus filhos e outros índios notáveis, que para tanto foram convidados de honra; e eles se mostravam alegres. Seguia a tripulação armada, cantando a ladainha, e um grande povo de índios de todas as idades, aos quais há muito fazíamos festa, quietos e muito atentos ao mistério.

Plantada a dita cruz, foram dados vários tiros de escopeta e artilharia, e oferecidos festim e presentes honestos ao dito chefe Arosca e principais índios; e quanto à populaça, não houve ninguém a quem não se fizesse algum dom de bugigangas baratas, mas por eles prezadas, tudo para que o fato lhes ficasse na memória; dando-lhes a entender, por sinais e de outras formas, o melhor possível, que eles deviam conservar e honrar a dita cruz.

E nesta estava gravado, de um lado, o nome de nosso Santo Padre o Papa de Roma, do Rei nosso Senhor e do Senhor Almirante de França; do Capitão, burgueses e companheiros, do maior até o menor. E fez o marceneiro do navio essa obra, o que lhe valeu um presente de cada companheiro. Do outro lado foi gravado um dístico numeral latino composto pelo senhor Nicole Le Febvre acima citado, que de gentil maneira declarava a data do ano da chantadura da cruz, e quem a havia chantado; e ali estava:

HIC SACRA PALMARIVS POSVIT GONIVILLA BINOTVS;
GREX SOCIVS PARITER, NEVSTRAQVE PROGENIES.[10]

Dizem ainda que estando finalmente o navio limado, calafetado e abastecido o melhor possível para a volta, foi decidido que se partisse para a França.

E porque é costume daqueles que chegam às novas terras das Índias levarem delas à Cristandade alguns índios, tanto se fez, com tal gentileza, que o dito chefe Arosca consentiu que um de seus filhos jovens, o qual se dava bem com os do navio, viesse à Cristandade, já que se prometia ao pai e ao filho trazê-lo de volta dentro de vinte luas ao mais tardar; pois assim eles contavam os meses. E o que lhes dava mais vontade: faziam-no crer que, àqueles que viessem do lado de cá, ensinariam a artilharia; o que eles desejavam intensamente, para poderem dominar seus inimigos: como também a fazer espelhos, facas, machados e tudo o que viam e admiravam dos cristãos; o que era prometer-lhes tanto como prometer a um cristão ouro, prata e pedrarias, ou ensinar-lhe a pedra filosofal.

Tendo acreditado firmemente nessas coisas, o dito Arosca estava contente de que levassem seu filho, que se chamava Essomericq; e deu-lhe por companhia um índio de trinta e cinco ou qua-

(10) Tradução: "Aqui Binot Paulmier de Gonneville plantou este objeto sagrado, associando em paridade a tribo com a linhagem normanda". Na inscrição, a soma das letras que correspondem a algarismos romanos dá a data da cerimônia:

1 M (1000) + 3 C (300) + 3 L (150) + 1 X (10) + 7 V (35) + 9 I (9) = 1504.

renta anos, chamado Namoa. E vieram, ele e seu povo, em escolta até o navio; fornecendo-lhes muitos víveres, numerosas e belas plumagens e outras raridades, como presentes que eles enviavam ao Rei nosso Senhor. E o dito chefe Arosca e os seus esperaram a partida do navio, fazendo o Capitão jurar que voltaria dali a vinte luas; e na hora da partida o povo todo soltou um grande grito, e davam a entender que conservariam bem a cruz; fazendo o sinal dela com dois dedos cruzados.

Quarta parte
VIAGEM DE VOLTA

Dizem também que assim partiram das ditas Índias Meridionais, no dia três de julho de mil quinhentos e quatro, e desde então não viram terra até o dia seguinte ao de São Dinis,[11] tendo corrido diversas fortunas e tendo sido atormentados por febre maligna, que atacou vários do navio e matou quatro, a saber: Jean Bicherel de Pont-l'Evêque, cirurgião do navio; Jean Renoult, soldado de Honfleur; Stenoz Vennier, de Gonneville-sur-Honfleur, valete do Capitão; e o índio Namoa.

E foi posto em dúvida se devíamos batizá-lo, para evitar a perdição de sua alma; mas o dito senhor Nicole dizia que seria profanar o batismo em vão, já que o dito Namoa não conhecia a crença de nossa Santa Madre Igreja, como devem saber os que recebem o batismo tendo a idade da razão; e acreditamos no senhor Nicole, como sendo o mais sábio do navio. Entretanto, depois ele teve escrúpulos; de modo que, estando doente por sua vez o jovem índio Essomericq, e em perigo, foi, a seu conselho, batizado; e administrou-lhe o sacramento o dito senhor Nicole, e foram padrinhos o dito de Gonneville, Capitão, e Antoine Thiéry; e, no lugar da madrinha, tomou-se Andrieu de la Mare como terceiro padrinho; e recebeu o nome de Binot, que era o nome de batismo do Capitão: foi no dia quatorze de setembro que isto se fez. E parece que o dito batismo serviu de remédio à alma e ao corpo, porque depois dele o índio melhorou, sarou, e está agora em França.

Dizem que as ditas doenças provinham de estarem gastas e fedorentas as águas do navio, e também do ar marítimo, como puderam verificar, já que o ar da terra e carnes e águas frescas curaram

(11) 10 de novembro.

todos os doentes. Razão pela qual, cientes da causa de seu mal, todos desejavam terra.

Ora, passado o Trópico de Capricórnio e medida a altura, achavam estar mais afastados da África do que do país das Índias Ocidentais onde, desde há alguns anos, homens de Dieppe e de Saint-Malo assim como outros normandos e bretões vão buscar madeira para tingir de vermelho, algodão, macacos, papagaios e outras mercadorias: de modo que, como o vento de leste, que eles tinham notado ser costumeiro entre o dito Trópico e o de Câncer, para lá os empurrava, foi deliberado por unanimidade que se buscasse aquele país, sobretudo para carregar as ditas mercadorias e assim compensar as despesas da viagem.

E ali chegaram no dia seguinte ao de São Dinis, como se disse acima.

Também dizem que lá encontraram índios rudes, nus como vindos do ventre da mãe, homens e mulheres; pouco tinham cobrindo sua natureza; o corpo pintado, sobretudo de negro; lábios furados, os buracos guarnecidos de pedras verdes bem polidas e encaixadas; cortados em vários lugares da pele, aos lanhos, para parecerem mais garbosos; sem barba, cabeça meio raspada. De resto, cruéis comedores de homens; grandes caçadores, pescadores e nadadores; dormem pendurados em leitos feitos como redes, armam-se com grandes arcos e clavas de madeira, e não têm nem Rei nem chefes: pelo menos não viram sinal deles.

Quanto ao mais, habitam um belo país, de bom ar, terra fértil em frutas, pássaros e animais; e o mar tem muito peixe, de espécies diferentes das da Europa. E fazem seu pão e sua bebida com certas raízes.

Dizem ainda que nos lugares do dito país onde aportaram já tinham estado cristãos, como se via pelas mercadorias da Cristandade que os ditos índios possuíam: assim, não estavam espantados de ver o navio; e entretanto temiam sobretudo os canhões e os arcabuzes.

E tendo bravamente descido à terra, enquanto alguns dos companheiros pegavam água, e outros estavam ali sem armas e sem temor de nada, foram traiçoeiramente atacados por aqueles índios maus, que mataram um pajem do navio chamado Henry Jesanne, capturaram e levaram para o mato Jacques l'Homme, apelidado de La Fortune, soldado, e Colas Mancel, marinheiro, todos de Honfleur; e foram esses dois coitados perdidos, sem que se pudesse dar-lhes reconforto.

Além deles estavam ainda em terra quatro homens, que ganharam a barga e fugiram, todos feridos menos um; e um deles morreu assim que subiu ao navio: e este era o senhor Nicole Le Febvre acima citado que, pela curiosidade de que estava cheio, tinha descido à terra: e foi por todos pranteado, como merecedor de melhor aventura; pois ele era virtuoso, afável e sábio.

Também dizem que esse caso lamentável fez com que deixassem o lugar daquele mau encontro, e subissem a costa até umas cem léguas acima; onde encontraram índios de aparência semelhante: mas destes não receberam nenhum mau trato; e se eles tivessem maquinado algo, não teriam conseguido realizar, porque o caso precedente fazia com que não se tivesse mais confiança.

E ali, durante sua estada, o navio foi carregado de víveres e de mercadorias do dito país acima declaradas, cuja quantidade está contida em detalhe na queixa depositada na Justiça contra aqueles que pilharam o navio: referir-se à mesma. E teriam as ditas mercadorias compensado os gastos da viagem, e além disso teriam dado bom lucro, se o navio tivesse chegado a bom porto.

Também dizem que partiram do dito país entre o dia de São Tomás[12] e o dia de Natal de quinhentos e quatro, tendo capturado dois índios, que eles pretendiam trazer para a França; mas já na primeira noite eles mergulharam no mar, estando então o navio a mais de três léguas da costa; esses malandros são tão bons nadadores que tal trajeto não os intimida.

Também dizem que, no percurso, nada viram digno de nota além do que tinham visto na ida, exceto que sete ou oito dias depois de sair do canal viram uma ilhota desabitada, coberta de florestas verdejantes, de onde vinham milhares de pássaros, tantos que alguns vieram pousar nos mastros e cordagens do navio; e aí se deixavam agarrar. E pareciam os ditos pássaros volumosos com as penas, mas depenados eram de pequena corpulência.

E depois de cinco semanas, após muitos bordejamentos, com um vento de sudoeste ultrapassaram a Linha, e reviram a Estrela do Norte.

Depois tiveram ventos variáveis, e algumas tormentas. E se acharam num mar cheio de ervas, com grãos redondos como ervilhaças ou algo semelhante, ligadas por longos filamentos; e o mar é ali tão profundo que, tendo lançado a sonda, não se achou o fundo.

E afinal, acreditando estar apenas na altura das ilhas Canárias,

(12) 21 de dezembro.

avistaram os Açores, e ancoraram na ilha do Faial no dia nove de março passado; e lá arranjaram víveres e outras coisas de que necessitavam. Os ditos Açores são habitados por portugueses.

E no mar foram obrigados por tempestade a fazer escala na Irlanda, a fim de tapar alguns buracos do navio.

E tendo reposto as velas, navegaram felizmente até o sétimo dia de maio passado, quando, nas vizinhanças das ilhas Jersey e Guernesey, quis a infelicidade que encontrassem um corsário inglês, chamado Edouard Blunth, de Plymouth: contra o qual decidiram, de comum acordo, defender-se; o que foi feito, até que por detrás das ditas ilhas apareceu um outro bandido espinhoso, francês de nação, a saber, o Capitão Mouris Fortin, bretão, já condenado por piratarias. E então, por não estarem em igualdade de condições, foi preciso ir dar à costa, onde os homens foram em parte salvos, e o navio despedaçado e perdido com tudo o que nele havia, afora o que os ditos corsários tiveram tempo de saquear antes que o navio acabasse de afundar.

E houve homens mortos e matados, doze pessoas, e quatro que morreram depois na ilha, de seus ferimentos, tudo como consta em pormenor na queixa e reclamação que depositaram em juízo o dito Capitão de Gonneville e seus companheiros; referir-se à mesma.

E os nomes dos defuntos são: Nollet Epeudry, piloto, morto por um tiro de canhão; Jean Davy, e Perrot, filho do dito Jean; Robert Vallasse; Guillaume Du Bois; Guillaume Marie; Antoine Pain; Cardin Vastine; Jacques Sueur; o irmão do dito Jacques, chamado Henry; Robert Mahieu; Claude Verrier; Andrieu de Rubigny; o bastardo de Colué; Jean Le Boucher; e Marc Des Champs: todos de Honfleur e Touques, ou dos arredores.

E na ilha ficaram sabendo os nomes dos ditos corsários, e os males e piratarias que eles costumam praticar nas redondezas e alhures.

Também dizem que da ilha, depois que os feridos melhoraram, passaram ao porto de La Hougue, onde deixaram três enfermos, a saber, Pierre Toustain, Pierre de la Mare e o senhor de Sainct-Clerimonies.

E os demais vieram por terra até Honfleur, onde chegaram no dia vinte de maio próximo passado, em número de vinte e oito, abaixo nomeados, a saber: de Gonneville, Capitão; os ditos Thiéry e De la Mare, burgueses; os dois portugueses; os senhores Potier, Du Mont, De la Rivière, Du Ham, e De Bois-le-Fort, todos jovens aventureiros de Honfleur; Jean Cousin, o mais velho, outro chamado o

Jovem, Claude Mignon, Thomas Bourgeoz, Alexis l'Amy, Collas Vallée, Guillaume Le Duc, Thomas Varin, Jean Poullain, Gilles Du Four, Robert Heuzé, Liénard Cudorge, Henry Richard, Jacques Richard e Jean Bosque, todos do ofício do mar; Liénard Cavalier e Thomas Bloche, pajens.

E mais o índio Essomericq, aliás Binot, que em Honfleur e por todos os lugares de passagem era muito bem olhado, por não ter jamais havido em França personagem de tão longínquo país: estando as pessoas da cidade contentes por verem seus compatriotas retornados de tal e tamanha viagem, e pesarosos pelos desastres advindos quase no limiar da casa.

Também dizem que para fins de, com a ajuda de Deus, obter reparação, eles e os burgueses que tinham participação no navio depositaram suas queixas e artigos na Justiça.

E que a gente do Rei nosso Senhor que os recebeu teria requisitado, pela raridade da dita viagem, e em razão das ordens da Marinha estipulando que se depositem em juízo diários e declarações de todas as viagens de longo curso, que o dito Capitão e companheiros assim o fizessem: eis por que, obedecendo à Justiça, o Capitão de Gonneville e os ditos Andrieu de la Mare e Antoine Thiéry, que foram os chefes presentes durante toda a viagem, não podendo, a seu pesar, depositar nenhum de seus diários, já que estes se perderam com o navio, fizeram a presente declaração; dando fé de tudo o que foi dito à Justiça e, como tal a depositaram, neste dia de dezenove de junho de mil quinhentos e cinco; e a assinaram.

FONTES BIBLIOGRÁFICAS

O manuscrito dessa relação de viagem andou perdido durante três séculos e meio. Foi encontrado por Paul Lacroix na Biblioteca do Arsenal, em 1869 (cota: MSS 3221, HF 24 ter), e publicado no mesmo ano por M. d'Avezac. O texto encontrado tem 12 folhas in-4º, e não é o original do século XVI mas uma cópia autenticada feita no século XVII. Daí o texto conter, como fecho, o seguinte parágrafo: "O que acima se diz foi extraído dos supramencionados Registros, e colacionados com sua minuta, válida e inteira, devidamente assinada: os ditos Registros representados pelo guardião dos mesmos, em obediência às cartas reais em forma de compulsória obtida pela Senhorita Marie Collet e outros, cujo teor vem a seguir".

Existe também uma cópia da relação na seção de manuscritos da Biblioteca Nacional de Paris (cota: n.a.fr. 7454).

A edição crítica de 1869, base de todas as reproduções e estudos efetuados sobre a relação, é a seguinte:

Campagne du navire l'Espoir de Honfleur, 1503-1505. Relation authentique du voyage du Capitaine de Gonneville ès Nouvelles Terres des Indes, publiée intégralement pour la première fois avec une introduction et des éclaircissements par M. d'Avezac, Paris, Challamel, 1869, 1 v. in-8º, 115 pp. Reimpr.: Genève, Slatkine Reprints, 1971.

Outras edições da relação:

Ch. A. Julien, R. Herval, Th. Beauchesne (ed.), *Les Français en Amérique pendant la première moitié du XVI*[e] *siècle. Avec les relations de Gonneville, Verrazano, Cartier et Roberval*, introd. Ch. A. Julien, Paris, Presses Universitaires de France, 1946.

Jacques Cartier, *Voyages au Canada. Avec les relations des voyages en Amérique de Gonneville, Verrazano et Roberval*, ed. Ch. A. Julien, R. Herval, Th. Beauchesne, introd. Ch. A. Julien, Paris, François Maspero, 1981. Trata-se de uma reedição do livro anterior. Entretanto, os textos de Gonneville e de Cartier foram aí modernizados, não apenas no que tange à ortografia, mas também em seu vocabulário e sintaxe. Essa modernização nem sempre é feliz, e em alguns trechos se torna infiel ao original.

Foi feita uma tradução brasileira no século XIX:

Tristão de Alencar Araripe, "Primeiro navio francez no Brazil", memoria lida em sessão do Instituto Historico e Geographico, in *Revista Trimestral do Instituto Historico, Geographico e Ethnographico do Brazil*, t. XLIX, v. 2, Rio de Janeiro, 1886, pp. 315-60. A introdução de T. A. Araripe (pp. 315-31) é um resumo das conclusões de d'Avezac. A tradução é bastante fiel, mas sua leitura é prejudicada pela ortografia particular usada por Araripe. Sobre a tradução, diz ele: "Traduzi a relação autentica da viagem, por estar esta peça escrita em antigo francez inçado de termos obsoletos e frazes antiquadas; e constituir importante documento de nossa istoria primitiva, que convem encorporar aos dos archivos patrios. Rio 25 de janeiro de 1885". Como tantos tesouros da *Revista do Instituto Historico e Geographico*, este ficou ali sepultado, e os poucos historiadores brasileiros que mencionaram depois a relação referem sempre d'Avezac e nunca Araripe.

Pelas mesmas razões de Araripe, empreendi uma nova tradução da relação. Mantive, o máximo possível, a fidelidade ao original, mas escolhendo, entre as opções léxicas e sintáticas, aquelas mais compreensíveis para o público de hoje. Não pretendendo fazer uma tradução arcaizante, conservei apenas alguns traços de sabor antigo, que dão muita graça ao original francês. Tratando-se de um texto de caráter oficial, seria descabida, na tradução, qualquer pretensão estilística a não ser a de clareza.

Todas as edições da relação têm mantido as separações e subtítulos criados por d'Avezac em sua primeira edição. Sobre essa questão, diz ele: "O documento principal, religiosamente conservado em sua redação antiquada e seu estilo palaciano, foi somente despojado do aspecto pesado e desagradável que lhe dava a compacta indivisão de seu contexto oficial: bastou, para tanto, um simples artifício de disposição tipográfica, próprio a lhe dar, ao olho do leitor, um acesso mais agradável e um ar mais desembaraçado".

As subdivisões introduzidas por d'Avezac obedecem a uma lógica perfeita, e facilitam muito a compreensão do texto. Como elas me pareceram, no entanto, numerosas demais, optei por uma solução intermediária: mantive apenas as grandes divisões, que marcam as etapas da viagem, e omiti as pequenas, que atomizam demasiadamente o texto. Também mantive as entradas dos parágrafos, facilmente reconhecíveis no manuscrito, sobretudo pelo emprego, nestas, do termo latino *item* (também), muito usado nos textos oficiais do século XVI.

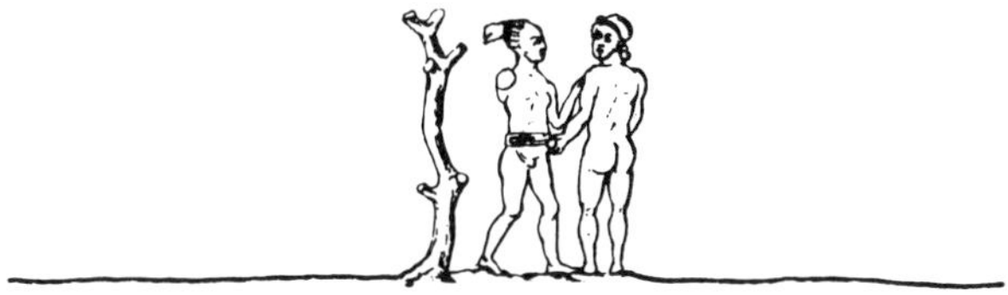

2

TAMANHA VIAGEM

UM CERTO CAPITÃO DE GONNEVILLE

No início do século XVI, Honfleur era um porto ativíssimo. Já no século anterior, o navegador espanhol Dom Pedro Niño assim o descrevia: "Bom porto de alto-mar. Os navios entram na cidade por um meandro do rio, que passa no meio dela. O mar banha a metade da cidade e, do outro lado, há uma boa muralha e torres muito sólidas". Situada à beira do canal da Mancha, na desembocadura do Sena e a pouca distância de Dieppe, que era então o principal porto normando, a cidade rivalizava com a vizinha Harfleur, menos feliz do que ela no combate à aluvião.

Entre os numerosos comerciantes e marinheiros sediados em Honfleur, nos primeiros anos do século XVI, estava um certo Capitão de Gonneville. Tudo o que se sabe a seu respeito, e que não é muito, está relacionado com sua extraordinária aventura marítima.

Binot Paulmier de Gonneville era um gentil-homem da paróquia de Gonneville-lez-Honfleur, na comarca de Ruão e diocese de Lisieux. Esse povoado se encontra a quatro quilômetros do porto. Era um *bourgeois*, palavra que, neste contexto, significa "comerciante" e "armador".

A burguesia urbana realizou uma ascensão fulminante na passagem do século XV para o XVI. Esse é o período conhecido como o do "capitalismo comercial", ou da economia mercantilista. O dinheiro transformou-se, então, num efetivo valor social, e seus possuidores passaram a ter um papel decisivo na vida dos Estados. Surgiram os grandes homens de negócios, cujo âmbito de ação se espalhava pelo mundo inteiro, e cuja colaboração era requerida pelos reis. Abaixo desses, vivia e prosperava toda uma hierarquia de comercìantes menores, mas igualmente respeitados. Os comerciantes eram qualificados como *honorables hommes* ou *honnêtes personnes*, em oposição aos lavradores, artesãos e operários, chamados *viles personnes*.

A necessidade maior de metal, para se cunharem moedas, determinou um aperfeiçoamento nas técnicas de extração da prata e a busca maior do ouro. A abertura de novas rotas para o Oriente e a descoberta da América fizeram do comércio marítimo uma atividade altamente lucrativa, à qual se lançaram tanto os soberanos como numerosos particulares. Binot Paulmier era um desses particulares, possuidor de um capital suficiente para encarar uma empresa desse porte. Como era, além disso, "muito sábio em navegação", fez-se armador, em sociedade com parentes e conterrâneos.

O Capitão pertencia à família Paulmier ou Le Paulmier (nome grafado, ora com, ora sem o artigo), que vivia em Honfleur, na paróquia de Saint-Etienne, desde os primeiros anos do século XV. A mais antiga menção à família, encontrada pelos historiadores, é um ato de 1421 pelo qual Henrique V da Inglaterra confiscava os bens de um Guillaume Le Paulmier, burguês de Honfleur, o qual se recusara, provavelmente, a reconhecer o novo mestre. O mesmo Guillaume teria então se mudado para uma propriedade rural dos arredores, no lugar chamado Gonneville. O Registro da Confraria da Caridade de Honfleur informa que ele aí habitava em 1457.

Sobre o nome da família, diz Boissais: "Paulmier, Palmyer, Le Paulmyer são nomes muito antigos e outrora muito usados na Normandia. Muitos nomes de família tiram sua etimologia de uma profissão, de um lugar de origem, de uma particularidade física ou de uma circunstância especial ocorrida na vida do indivíduo". Segundo Saint-Palaye, *Paulmyers* (em português, "palmeiros") eram os peregrinos que traziam folhas de palmeiras da Judéia, como prova de lá terem ido. Considerando-se essa etimologia, "o nome de nosso navegador testemunharia de uma descendência de soldados que, na Idade Média, teriam combatido nas fileiras dos Cruzados, ou então teriam ido a Jerusalém, na qualidade de peregrinos, para visitar o túmulo de Cristo". Verdadeira ou não, essa etimologia ganha uma graça especial se pensarmos que Binot Paulmier faria outro tipo de peregrinação e viria encontrar outras palmeiras, muito mais exóticas, no Novo Mundo.

A família Paulmier era proprietária do feudo de Bucquet, em Gonneville, e não do feudo chamado Gonneville, também existente na região. O feudo de Bucquet pertencia, no início do século XVI, a Jean de Bellemare, escudeiro e tenente do bailio de Ruão, e lhe teria vindo de seu casamento com Françoise Le Paulmier (ou Louise, segundo outras fontes). A propriedade ficou nas mãos dos descendentes até o fim do século XVII. Assim, o "de Gonneville" do nome do Capitão indicaria apenas que ele era oriundo desse lugarejo, não sendo, pois, um nome de família. O fato de o Capitão ser apenas Paulmier, e não pertencer à família nobre de Gonneville, não significa, porém, que ele não fosse um fidalgo. Os cargos ocupados por seus antepassados e as alianças posteriores dos Paulmier indicam que eles eram de alta estirpe. Segundo Bréard, Richard Le Paulmier era fiscal e procurador do Almirante Louis de Graville em 1460, o que comprova a importância da família. Quanto ao prenome Binot, este seria uma variante provincial de Benoît ou de Robert.

Sobre certos documentos encontrados por Bréard, no Registro da Confraria da Caridade de Honfleur, Boissais traz importantes observações e reparos. Bréard achou, nesse registro, um Robinet Paulmier, inscrito em 1468, que ele identifica como sendo "o nosso célebre Binot Paulmier, dito Capitão de Gonneville". Ora, com toda a razão, Boissais observa que isso não é provável: "Quando, em 1503, Binot Paulmier empreenderá a viagem que imortalizou seu nome, ele devia estar em plena força de sua juventude ou, pelo menos, no início da maturidade; ora, entre 1468 e 1503 existe um lapso de tempo de trinta e cinco anos que, acrescentando-se os anos exigidos para entrar na Confraria, não permitem supor que um homem, no declínio de sua existência, tenha tomado o comando de uma empresa tão arriscada e tão penosa".

Na verdade, esse Robinet encontrado por Bréard devia ser um antepassado ou parente, assim como outros Paulmier registrados na Confraria: Richard (1471), outro Robinet (1478), Durand (1489), Anthoine (1508), Robin (1510), Jehan (1513) e Nicolas (1530).

Binot Paulmier não tinha filhos, pormenor importante para a continuação de nossa história, como se verá. E isso é tudo o que se sabe sobre o nosso Capitão, em termos factuais. Quanto a sua personalidade, a *Relação* e a continuação da história ali narrada nos fornecem dados que, embora indiretos ou subentendidos, são muito eloqüentes. A esses traços nos referiremos, no momento oportuno.

TRÊS NORMANDOS EM LISBOA

A aventura do Capitão começa em Portugal, na virada de 1502 para 1503. Desde a abertura da rota marítima para a Índia e o descobrimento da América, Lisboa se tornara o principal porto da Europa. O tráfico de especiarias, que até então tinham em Veneza seu principal porto de entrada na Europa, passou a ter Lisboa como sede; com esse deslocamento, afluiu para o porto lusitano uma grande massa monetária, e a cidade se transformou rapidamente, de burgo medieval, em capital imperial.

Com sua forma de anfiteatro aberto para o Atlântico e seu clima de "eterna primavera", Lisboa era, nesse início de século, uma cidade colorida e animada. Tinha cerca de 50 mil habitantes e atraía gentes das mais diversas procedências, genoveses, florentinos, flamengos, espanhóis e franceses. Todos iam buscar ali as riquezas que afluíam do Oriente e do Novo Mundo, e ouvir as novidades trazidas pelos navegantes. No cais e nas feiras, cruzavam-se as mais variadas gentes, falando todas as línguas conhecidas e algumas desconhecidas. Como diz Affonso Arinos, Lisboa era então "um verdadeiro museu etnográfico" e "uma Babel". "O marítimo burgo falazava desvairadas línguas", diz Jaime Cortesão.

O mesmo historiador observa que a cidade ainda não era a Lisboa manuelina, "oriental e faustuosa", mas um "burgo tumultuário", crescendo sem qualquer plano. A agitação portuária ameaçava a calma bucólica dos olivais e pomares, que logo desapareceriam para dar lugar a novas construções. Dom Manuel, "considerando que esta cidade é a principal do reino e que muito se deve ao seu enobrecimento", ordenou então melhoramentos urbanos e a construção de um grande cais. Iniciou-se o aterramento do futuro Terreiro do Paço e a construção do Mosteiro dos Jerônimos. Um documento da época registra essa transformação: "Esta cidade, louvores a Nosso Senhor, cada dia se aumenta assim em povoação como em muitas coisas do seu enobrecimento". Enquanto isso, nas ruas estreitas pululavam mercadores, clérigos, marinheiros, cavaleiros, astrônomos, matemáticos, ferreiros, tanoeiros, cordoeiros e todos os outros tipos de "oficiais mecânicos". A cada passo, "formavam-se disputas, ajuntamentos, alvoroços".

A presença de numerosos estrangeiros na cidade é atestada por todos os cronistas, assim como o afluxo mais numeroso dos mesmos, à medida que se propalavam as conquistas portuguesas. Em meados do século, Damião de Góis fala da Rua Nova dos mercadores onde "se juntam, todos os dias, os comerciantes de quase todos os povos e partes do mundo, com extraordinário concurso de gente, por causa das facilidades que o comércio e o porto oferecem". E também dos entrepostos onde se exibiam as riquezas provenientes das viagens:

> Ali se acumulam abundantes despojos de combates e lutas com muitos povos; ali se tratam os negócios da Índia, e, por isso, lhe dão o nome de "Casa da Índia". Contudo, a mim me parece que se deve chamar o empório dos aromas, pérolas, rubis, esmeraldas e outras pedras preciosas, que, de ano em ano, nos são trazidas da Índia; talvez, com maior verdade, se lhe pudesse chamar o armazém da prata e do ouro, quer em barra, quer trabalhado. Ali estão patentes, para quem os quiser admirar, inúmeros compartimentos, distribuídos com ordem e arte, tão recheados com aquelas preciosidades todas, que — palavra! — mal se poderia acreditar, se os olhos não vissem tais maravilhas e as mãos não lhes tocassem.

Tudo isso começara a chegar nos primeiros anos do século, quando Gonneville visitou a cidade.

Dos povos do Norte, os normandos foram os primeiros a ter relações regulares com os meridionais. Essas relações foram ora tensas, como em 845, quando eles tomaram e pilharam Lisboa, ora amistosas, como em 1191, quando 63 navios anglo-normandos, a caminho de Marselha, onde iam juntar-se aos cruzados de Ricardo Coração de Leão, fizeram escala nas costas portuguesas. Informa Jules Thieury que "desde 1327, os reis de França, Inglaterra, Espanha, Aragão, Sicília e Maiorca entraram em acordo para que todos os mercadores pudessem passar a salvo com suas mercadorias de um reino a outro, por terra e por água". E em 1341 já havia acordos entre Portugal e a Normandia, concedendo privilégios aos portugueses em Harfleur: locais para alojamento, estocagem de mercadorias, isenção de taxas. Durante a ocupação da Normandia pelos ingleses, no começo do século XV, cessaram as relações com os portugueses. Mas, logo que aqueles foram expulsos, estes retornaram. Em 1498, Luís XII, ao subir ao trono da França, faz um tratado de paz com os reis de Portugal e de Castela. "O século XVI passou, entre a França e Portugal, em negociações, capturas, tratados, hostilidades, alianças, contestações, queixas de parte a parte, e o comércio com isso sofreu consideravelmente. Entretanto, os primeiros anos do século foram prósperos: o comércio e a indústria fizeram progressos rápidos sob a influência do bom governo de Luís XII."

É exatamente nesse momento que nosso Capitão e seus sócios vão traficar em Lisboa. A Normandia exportava então, para Portugal, trigo e tecidos. Era também intermediária nas transações marítimas de Portugal com outros portos do Norte. De Portugal, os normandos importavam laranjas, uvas, vinhos, sal, açúcar, couros e especiarias. O comércio era facilitado pela circulação corrente do dinheiro português na Normandia; havia até mesmo uma moeda chamada *portuguesa*, que valia 25 libras. Por todas essas razões, a presença dos três normandos em Lisboa não tinha nada de excepcional. Somente era novo o tipo de mercadorias que eles aí viam, "as belas riquezas de especiarias e outras raridades que chegavam àquela cidade nos navios portugueses vindos das Índias Orientais há alguns anos descobertas", e o projeto grandioso que essa visão lhes inspirou.

Podemos imaginar os três normandos circulando pela cidade. Nos entrepostos, viam grandes sacos repletos de chá, pimenta e canela, em quantidades muito maiores do que o habitual. Além disso, havia caixotes abarrotados de porcelana, biombos revestidos de laca, peças de seda de uma extrema delicadeza. Nas praças vizinhas ao porto era difícil caminhar, tal a afluência de pequenos vendedores que, sobre ricos tapetes orientais, expunham estatuetas de marfim, adagas finamente cinzeladas, plumas de todas as cores e outras raridades cuja proveniência e uso eles ignoravam. Os olhos dos normandos não sabiam onde pousar, se no chão e nas bancadas toscas onde os preciosos objetos eram exibidos, se na multidão, a cada instante atravessada por uma figura inédita, aqui um negro tão escuro que parecia ter só olhos e dentes, mais adiante um marinheiro com um macaco pendurado ao pescoço. Lisboa era um "mundo abreviado". Mas era uma concentração sugerindo extensões maiores do que jamais se imaginara.

Assim como as mercadorias, as informações sobre novas rotas e novos mercados corriam soltas em Lisboa, e valiam tanto ou mais do que as primeiras. A obtenção dessas informações não era fácil, porque o segredo sobre as conquistas portuguesas já era ciosamente guardado e os traidores punidos de morte. Mas, apesar das precauções, a circulação de informações entre os portos da Europa nunca fora tão intensa quanto nesse começo do século XVI. E os viajantes que iam a Lisboa podiam ter contacto direto com pessoas retornadas dessas viagens. Diz Jaime Cortesão: "Os raros pilotos e matalotes escapos da viagem, quando nos estares da Ribeira ou baiúcas da Alfama, começavam o conto das maravilhas orientais, eram logo cercados pela turba e escutados com pasmo boquiaberto". Assim, nossos normandos começaram por se informar, e acabaram contratando dois marinheiros portugueses, *Bastiam Moura* e *Diègue Cohinte* (Diogo Coutinho ou Couto, os historiadores hesitam na tradução). De que viagem teriam eles voltado? Pela data em que Gonneville os encontra, poderia ser a de Vasco da Gama, a de Cabral, a de João da Nova ou a de Gonçalo Coelho ou Fernão de Noronha. A volta de Cabral, em 1501, fora especialmente festejada em Lisboa, porque consolidava a rota do Oriente.

Como teriam os normandos entrado em contacto com os dois portugueses? Nos estaleiros ruidosos, onde se construíam e consertavam as caravelas, ou em alguma taberna enfumaçada dos bairros mouros? Apesar da política do segredo, imposta pelas autoridades, o encontro entre pessoas do ofício do mar era fácil e mesmo inevitável. O antigo comércio entre os portos normandos e Lisboa criara um entendimento lingüístico mínimo e, sobretudo, a solidariedade entre pessoas que partilhavam tantos perigos e viviam experiências tão semelhantes era natural. Sobre esses encontros nos portos, diz Michel Mollat:

> Penetrando na aglomeração urbana, marinheiros e mercadores tomam contacto com seus compatriotas, mensageiros e caixeiros de seus armadores e fretadores, franceses, espanhóis, portugueses, flamengos [...] Nos portos cantábricos, em Lisboa como em Burgos e Anvers, ou em Exeter, Southampton, Winchelsea ou Londres, havia colônias originárias das diversas regiões francesas. A viagem marítima terminava por confraternizações. Essas trocas de toda espécie resumem os serviços prestados pelos navegadores a todas as nações.

No caso, a solidariedade se transformou em contrato de trabalho muito bem remunerado, como convinha em se tratando de marinheiros, ainda pouco numerosos, com experiência direta da rota das Índias.

A ARMAÇÃO DO NAVIO

Voltando a Honfleur, os três normandos se associaram a outros comerciantes e armaram o navio *L'Espoir*. O navio era novo ("bom de casco e de velas") e de porte médio para a época e o tipo de viagem: 120 toneladas. A *tonelada de mar* equivalia, então, a mais ou menos 2 mil libras a dezesseis onças a libra; mas esse valor variava de um local a outro. Podemos estimar que *L'Espoir* tinha uma capacidade entre 95 e cem toneladas atuais.

Charles e Paul Bréard nos informam sobre as condições comerciais, numa viagem desse tipo:

> Todo navio de partida para uma viagem de longo curso era considerado em três partes: armadores, tripulação e avitualhamento. Os armadores entregavam o navio em bom estado; o mestre recrutava os companheiros ou marinheiros; o avitualhador fornecia os víveres, mercadorias, pólvora, utensílios miúdos como lanternas, gamelas, baús de cirurgião etc. Depois de acordo entre as três partes, um contrato era firmado diante de tabeliães [...] Na volta do navio, dividia-se o lucro em três partes: uma para o armador e o mestre; duas aos terceiros.

Em alguns casos, o armador podia ter dois terços do lucro, e pagar salário aos marinheiros.

O inventário do *L'Espoir*, dividido em munições de guerra, víveres e mercadorias, demonstra que ele ia bem equipado, e que "nenhuma economia foi feita pelos burgueses para bem aprovisionar o dito navio". Uma comparação com outros empreendimentos congêneres é elucidativa. Charles e Paul Bréard informam:

> Nas viagens para as Índias, no século XVI, embarcavam-se 8 meses de víveres e de vinho, e 4 meses de água, ou seja, cerca de 850 kg por homem, ao todo. Para as viagens de descoberta, as quantidades eram bem superiores, pois se o navegador podia encontrar alguns víveres nas escalas, eles não eram tratados de modo a poder conservar-se no mar e, por conseguinte, a tripulação navegante vivia das provisões carregadas na partida e impossíveis de renovar. Cristóvão Colombo parte com 15 meses de víveres e 6 meses de água, isto é, um peso de 1300 kg por homem. Vasco da Gama embarca 3 anos de víveres e 6 meses de água, isto é, 2600. *L'Espoir en Dieu* de Dieppe, em 1505, levava na partida 2 anos de víveres e um ano de água, isto é, 2100 kg [...] Era pois necessário, para a viagem de descoberta [...] tomar navios de pelo menos 100 toneladas.

A frota de Cabral levava mantimentos para dezoito meses. A nau de Gonneville, levando dois anos de víveres de longa conservação, ia, pois, abastecida como um navio de descoberta.

L'Espoir era uma *nau*, isto é, um grande navio redondo quanto ao casco e quanto às velas, com acastelamento na proa e na popa. Chama-se vela redonda a grande vela retangular que, enfunada, se arredonda. Michel Mollat comenta: "O eterno problema para um navio de comércio é a busca de um compromisso entre a capacidade, a velocidade e a segurança, condição de uma rotação rentável. A grande nau tradicional [...] correspondia à primeira exigência, com formas pesadas, nádegas redondas, reforços exteriores, castelos de proa e de popa, um revestimento em que as tábuas se sobrepõem como as ardósias de um teto, uma mastreação, enfim, de altura medíocre, onde o cordame chega ao cesto da gávea ao invés de ficar encapelado no mastro''.

Há pouca documentação sobre esse tipo de navio francês do início do século XVI. Algumas maquetes puderam ser construídas a partir de grafites de igrejas normandas (provavelmente ex-votos), em particular um grafite da igreja de Saint-Jacques em Dieppe, que mostra bem os castelos da proa e da popa e dois mastros principais. Essas naus aparecem também em algumas gravuras um pouco posteriores à viagem de Gonneville, já apresentando três mastros. A forma arredondada das naus lhes permitia carregar muitas mercadorias, e dava-lhes estabilidade, mas elas eram menos ágeis que as caravelas portuguesas. E, como se sabe, as vantagens técnicas da caravela foram uma das causas dos êxitos lusitanos. As velas redondas das naus só eram eficazes com vento de popa. As caravelas, com múltiplas velas, dobravam a superfície inflada, e navegavam ''à bolina'', isto é, em ziguezague contra a direção do vento.

Quanto a seu carregamento, pode-se dizer que a nau de Gonneville era muito bem equipada em armamentos, com os quais eles se preveniam contra eventuais ataques, em mar ou em terra. Os franceses estavam bem desenvolvidos na técnica da artilharia; fora sua superioridade sobre os ingleses, nesse domínio, que lhes permitira vencer a Guerra dos Cem Anos. Dentre os víveres estocados no navio, merece destaque o biscoito, que era freqüentemente, nessas longas viagens do século XVI, o último a restar, quando não havia terra à vista ou quando era impossível aportar. Esse biscoito de farinha, assado e seco, conservava-se por longo tempo e era a maior garantia contra a fome. Sua importância era tal que ficou, em francês, a expressão ''embarcar sem biscoito'', o que quer dizer embarcar sem provisões ou sem dinheiro. Na cozinha de bordo, diz Michel Mollat, ''o biscoito ocupa o primeiro lugar, à razão de 70%, graças ao seu alto teor em proteínas, fósforo e vitamina B''.

As mercadorias de troca — espelhos, miçangas, facas, utensílios de metal e tecidos — mostram que as informações colhidas em Lisboa foram bem utilizadas: ''tudo igual ao que costumam carregar os portugueses, por serem essas coisas, do lado de lá e no caminho, as de melhor tráfico''. A presença, nessa lista, de tecidos luxuosos (veludo estampado e pano dourado) mostra que eles iam preparados para encontrar, eventualmente, fregueses sofisticados como os asiáticos. O exagero do "fardo" de alfinetes e agulhas espantou alguns historiadores, como Gaffarel. A quem se destinavam tantos utensílios de costura? Certamente não aos americanos...

A TRIPULAÇÃO

"Embarcaram ao todo sessenta almas." No início da *Relação*, enumeram-se apenas os principais tripulantes. Aos poucos, e ao sabor das aventuras e desventuras, vamos conhecendo os nomes, as funções e as proveniências dos sessenta navegantes. Eram todos normandos, e vale a pena lembrar algumas das características historicamente consagradas desse povo.

O normando é, antes de tudo, um forte; no sentido físico da palavra. Os habitantes da costa normanda foram, por exemplo, poupados da grande mortalidade provocada pela peste de 1348. Por quê? Responde Mollat: "É difícil dizer. Supôs-se, com alguma verossimilhança e extrapolando sem imprudência a partir de observações numéricas posteriores, relativas à costa normanda, que uma alimentação rica em vitaminas, assegurada pela pesca com uma regularidade desconhecida na agricultura, e também a qualidade iodada do ar marinho tornavam as populações costeiras menos vulneráveis às doenças de carência e mais resistentes às epidemias".

Desde suas mais remotas origens, os normandos foram, em virtude da localização de sua província, navegadores e pescadores. No momento em que *L'Espoir* se preparava para a grande aventura, esses antigos marinheiros estavam em condições de juntar sua longa experiência dos mares com as circunstâncias econômicas favoráveis, que os transformavam rapidamente em armadores e grandes empresários, ou, para os mais pobres, em mão-de-obra qualificada no ofício do mar. Povo de comerciantes, caracterizava-se já pelo espírito prático, senso do concreto e caráter empreendedor. Uma oração antiga dos normandos mostra bem essas qualidades: "Meu Deus, eu não vos peço nenhum bem, dizei-me apenas onde ele se encontra". E ai de quem se achasse na rota desses homens: "A furore Normannorum, libera nos, Domine" (Do furor dos normandos, livre-nos Deus), rezavam os outros navegadores.

Os pilotos da "nobre cidade de Honfleur" são citados com destaque num portulano editado em 1483, o *Routier de la mer*, que foi o manual obrigatório dos navegadores durante décadas. À experiência e aos recursos econômicos, os normandos juntavam, de alguns anos àquela data, o conhecimento das recentes conquistas da ciência astronômica e cartográfica. A exemplo da bem-sucedida Escola de Sagres, criavam-se, em Dieppe e em outros pontos, centros de "hidrografia" onde se estudavam mapas e se importavam e reproduziam os mais avançados instrumentos de navegação. Mas os recursos dos navegadores do *L'Espoir* ainda eram modestos. Os primeiros mapas-múndi razoavelmente corretos estavam apenas nas mãos de reis e grandes senhores, e a Escola de Dieppe só se tornaria excelente algumas décadas mais tarde.

As "sessenta almas" do *L'Espoir* estavam abrigadas em corpos sólidos, e não sujeitos a "estados de alma". "Com o acordo de todos", decidiu-se como seria comandado o navio. O consenso, que o restante da viagem consagrará como a forma de decisão habitual, era essencial nesse tipo de empreendimento. O acordo é, primeiramente, a base dos bons negócios. E, principalmente, a garantia de uma navegação tranqüila. Esses homens iriam passar longos meses confinados num espaço restrito, enfrentando situações que eles sabiam difíceis, e outras que nem podiam prever; o entendimento entre eles era mais que espírito democrático, era uma questão de vida ou morte.

Gonneville "foi estabelecido capitão e chefe principal". Sobre essa função, diz Mollat: "*Mestre depois de Deus*, o chefe do navio devia tomar decisões graves e a extensão de suas responsabilidades exigia, em contrapartida, uma disciplina rigorosa. As ordens deviam ser tanto mais respeitadas porquanto, nas situações críticas, ele se aconselhava com os mais sábios e os mais experientes da tripulação". Gonneville divide, de antemão, sua responsabilidade com seus sócios Andrieu de la Mare e Antoine Thiéry. Afinal, o maior interesse em trazer o navio de volta a bom porto era deles, comerciantes e armadores do mesmo. Mas a autoridade desses três de nada valeria sem a dos que dirigiriam, no sentido concreto da rota, o navio: Colin Vasseur, "bom e velho navegador e mestre", e Nollet Epeudry de Grestaing, co-piloto.

"E todos, tanto os principais quanto os companheiros, receberam antes de partir os sacramentos, tanto pela fortuna de tão longa viagem quanto pela dúvida de não os receberem por muito tempo, já que não havia capelão no navio e eles iam para fora da Cristandade." Religião e navegação eram inseparáveis, na medida em que, contra o terror dos elementos e o temor do desconhecido, os marinheiros tinham a fé como último recurso. Sancho Pança dirá, em conhecimento de causa: "Se queres aprender a rezar, vai sobre o mar". Será que conseguimos imaginar, hoje, o que significava "ir para fora da Cristandade"? Era ir para o risco absoluto, sem o amparo da própria comunidade e de seus ritos tranqüilizadores, ao encontro de homens tão diversos que de sua humanidade se duvidava. Só a religião os amparava, e o prórpio tempo era por ela medido. Cada dia estará sob a proteção de seu santo, e São João Batista, em cujo dia *L'Espoir* levantou âncora, é dos maiores.

A data da partida, embora um pouco tardia, confirma que eles seguiam as recomendações dos portugueses, os quais consideravam julho como o melhor mês para dobrar o cabo da Boa Esperança.

ATRAVESSANDO O ATLÂNTICO

A frota de Colombo era composta de uma nau e duas caravelas. A de Vasco da Gama se compunha de quatro naus, das quais uma se perdeu. A de Cabral era uma verdadeira armada, composta de doze naus e uma caravela; uma nau desapareceu na travessia do Atlântico, outras no resto da viagem. *L'Espoir* vai sozinho pela "mar oceano" afora.

A rota seguida inicialmente pela nau normanda é a já comprovada como a melhor, no caminho das Índias. Depois de dezoito dias avistam as ilhas Canárias, e singram entre Tenerife e Gomera sem se deter. Até então, têm mais sorte do que Colombo, que precisou deter-se Gomera por quase um mês, para reparar as avarias já sofridas por seus navios. Passando ao largo da costa africana (Barbaria), vão em direção de Cabo Verde, onde aportam, 36 dias depois de terem deixado Honfleur. Cabral levou apenas cinco dias de Lisboa às Canárias, e mais oito entre estas e Cabo Verde. A nau de Gonneville é pesada e lenta, seu piloto talvez menos experiente do que os portugueses nessa rota.

Em Cabo Verde, tudo corre bem. Com a mercadoria de troca, conseguem almentos frescos, galinhas e arroz, renovam seus tonéis com água fresca. Aproveitam para limpar o navio das conchas que já se acumulavam no casco. Levam dez dias nesses afazeres, não há pressa. Os marinheiros preparam as forças para a continuação da viagem, que eles sabem longa e perigosa.

No dia 9 de agosto retomam o mar, agora para seguir um longuíssimo curso. Decidem singrar ao longo da costa da África, sem a tocar. Bastião e Diogo, os portugueses, vão passando as informações: esta costa tem habitantes hostis e transmite doenças. Gonneville e os companheiros ouvem atentamente o que eles lhes contam: os mouros de Mombaça quase conseguiram capturar a frota de Vasco da Gama, com uma manobra de traição tramada pelo sultão de Moçambique. E, sobretudo, Vasco da Gama experimentara e confirmara as vantagens, em termos de navegação, de efetuar uma volta para oeste antes de dobrar o cabo da Boa Esperança.

Os ventos continuam favoráveis. Mas, por vezes, elevam-se turbilhões inexplicáveis, já que eles ocorrem com bom tempo. Colin Vasseur, comprovando sua qualidade de mestre piloto, consegue ir levando a nau sem maiores problemas, a não ser os enormes solavancos e o natural receio da tripulação. Mais aborrecidas são as chuvas fedorentas, que mancham as roupas e provocam abcessos na pele, conhecidos como "mal de São Cosme". Cinqüenta anos mais tarde, André Thevet registraria o mesmo fenômeno: "A água de chuva nestas regiões é corrompida, por causa da infecção do ar pelo qual ela passa e da matéria igualmente corrompida que se encontram nas partes onde se formam estas chuvas. Assim, quando alguém lava as mãos com ela, eis que logo depois lhe brotam algumas empolações e pústulas [...] Outra coisa, sobre esta água: quando ela cai em algum pano, deixa uma nódoa que só sai com muita dificuldade". O relato de Gonneville é sóbrio, o aborrecimento é suportado sem grandes queixas.

Nessas longas travessias, não há lugar para elegâncias vestimentárias nem para olfatos delicados. Os principais do navio dispõem de roupas para trocar. Os marinheiros usam a mesma roupa, semanas e meses a fio, e esta só é lavada pela água da chuva. Aos poucos, essas roupas se transformam numa espécie de segunda pele, de cor indefinida e cheiro nauseabundo. A primeira pele, ressecada e escurecida pelo sol, vai acumulando crostas de sujeira, que se incrustam profundamente, de modo que as afecções cutâneas acham um campo propício para sua propagação. Piolhos, pulgas e sarna são parte do quotidiano.

Depois de 33 dias, o refresco de Cabo Verde já é uma longínqua lembrança. Mas há novidades e distração. O piloto anuncia ao Capitão, e a notícia corre no navio: estão atravessando a linha do equador. No mar, não se vê nenhuma linha, mas começa um espetáculo alegre: cardumes de peixes-voadores, exocetídeos de uma espécie por eles desconhecida. Depois de os admirarem, com exclamações de júbilo e comparações com os pássaros conhecidos, os marinheiros se interessam mais por outros peixes também visíveis, peixes-galos e golfinhos, que lhes falam ao estômago, carente de alimento fresco. Mais tarde, Thevet descreveria a enorme quantidade e diversidade dos peixes existentes à altura da linha equinocial, "o escarcéu que os marsuínos aprontam no mar, mais estentório que uma torrente despencando de alta montanha" e os cardumes de peixes-voadores, "sendo o seu número tão exagerado que muitos deles estão freqüentemente chocando-se contra as velas do navio, caindo depois no convés". A grande ocupação a bordo do *L'Espoir* passa a ser então a pesca e, depois, a confraternização em torno da caldeirada. É a última festa do navio, pois a tranqüilidade da viagem chegava ao fim.

Um a um, os marinheiros caem doentes. Pelos sintomas, o cirurgião reconhece o temido "mal do mar", o escorbuto. Os marinheiros atingidos começam por se sentirem cansados e febris, com dores nos rins. As pernas ficam doloridas, e apresentam manchas roxas e púrpuras. As gengivas incham monstruosamente, os dentes ficam bambos e começam a cair. Os doentes não conseguem mais se alimentar; mas, para cúmulo do horror, não perdem o apetite, e têm grande necessidade de alimentos líquidos, tão escassos a bordo. Os recursos terapêuticos são poucos: laranjas e limões (se alguma dessas frutas ainda era aproveitável, depois de tanto tempo em alto-mar), chás de ervas trazidas da terra, caldo de carne dificilmente extraído das peças secas que ainda restam. Sobre o tombadilho, o espetáculo dos doentes desfigurados e gemebundos, jogados sobre suas imundas esteiras de palha, é sinistro. O hálito pútrido que exala de suas bocas empesta todo o navio. À noite, os ratos do porão vêm roer-lhes os artelhos, sem que eles tenham forças para resistir. O cirurgião confabula com Gonneville; Andrieu de la Mare e Antoine Thiéry ouvem, silenciosos e preocupados. Sabem que só uma estada em terra, com água fresca, frutas e bom ar pode curar esse mal; mas, por enquanto, não há qualquer possibilidade de ancorar.

A primeira vítima fatal é o senhor Coste, de Harfleur. Coitado do senhor Coste, que embarcara por curiosidade! Não chegou a saciar seu desejo de novidades. Tudo o que viu de raro foi o espetáculo dos *exocets*, e sua única glória foi ter atravessado a linha do equador. A tripulação o lamentou, sem mais. Afinal, ele viajava a título pessoal, por sua conta e risco. Morrem em seguida cinco marinheiros, dos quais o mais pranteado foi Cardot Hescamps; ele era artilheiro, e seu conhecimento das armas bem poderia vir a fazer falta no navio.

Mas não havia tempo para longas lamentações. Sepultados os mortos no mar e feitas as contas, eles são agora 54 a bordo. A doença, como veio, desapareceu; e eles tinham de prosseguir.

Começam então a dirigir-se "pelo Cruzeiro do outro Pólo". Com que simplicidade o declarante registra essa passagem! "Ele o anotou muito simplesmente, como coisa sabida, embora ainda não experimentada", comenta Michel Mollat. Essa tranqüilidade mostra que eles iam bem providos de mapas e instrumentos de navegação, além das instruções cuidadosamente colhidas junto aos hidrógrafos franceses e os informantes de Lisboa. Ter a experiência do hemisfério sul, porém, era uma outra coisa. Significava, à noite, ver um céu inédito, de onde as estrelas conhecidas haviam desaparecido e onde brilhavam outras, jamais vistas. Thevet dá mais pormenores:

> Começamos a enxergar quatro estrelas de admirável brilho e grandeza, dispostas em forma de cruz, localizadas, entretanto, bem longe da direção do Pólo Antártico. Os marinheiros habituados a estes mares chamam a esta constelação de *Carro*. Alguns deles acham que uma delas é a Estrela do Sul, que seria fixa e imóvel como a Estrela do Norte, que chamamos de Ursa Menor. Esta estrela já não podia ser vista antes mesmo que tivéssemos ultrapassado o Equador, do mesmo modo que várias outras do Hemisfério Setentrional.

Para homens que, desde sempre, viviam do mar, e que há séculos se guiavam apenas pelas estrelas, enfrentar esse céu desconhecido era um destemor, que só a confiança nas recentes conquistas da ciência astronômica permitia.

Havia três meses não viam terra. Podemos imaginar a situação já lamentável dos víveres e da água de beber, e o estado de espírito dos navegantes. No dia 9 de novembro, aparecem, flutuando no mar, "longos e grossos caniços com suas raízes". Grande alvoroço a bordo! A terra não estaria muito longe, já que os caniços tinham raízes. Bastião e Diogo, armados de sua experiência, opinam: é sinal do cabo da Boa Esperança. Mas a alegria é mesclada de preocupação. Talvez tenham descido muito abaixo do cabo, pois os portugueses observam a ausência dos pássaros dessa região, os atobás grandes que os franceses chamam de mangas-de-veludo. Além disso, todos notam que faz mais frio, o que indica a proximidade do pólo sul. Gonneville e seus sócios deviam se perguntar se teria sido um grande negócio a contratação dos portugueses, cujos conselhos não são então de grande utilidade.

A verdade é que estavam já meio perdidos, e ainda teriam de enfrentar grandes provações. A navegação se fazia com base na bússola, na arbaleta e no astrolábio, com os quais eles calculavam razoavelmente bem a latitude; mas ainda não havia meio preciso de calcular a longitude, portanto eles não sabiam se continuavam perto da costa da África ou se estavam muito mais a oeste, o que era o caso. Os sargaços que tanto tinham alegrado os portugueses não vinham do cabo da Boa Esperança, mas provavelmente de umas ilhas bem afastadas da costa africana, que eles não chegaram a avistar e que só seriam descobertas e batizadas por Tristão da Cunha alguns anos mais tarde.

Eles haviam seguido as instruções oriundas da experiência de Vasco da Gama: efetuar uma grande volta antes de dobrar o cabo da Boa Esperança, afastando-se bastante da costa africana, para bem aproveitar os ventos e as correntes dessa zona do Atlântico. Volta que, acentuada, por acaso ou deliberação, já tinha levado Cabral, três anos antes, à costa brasileira.

O tempo e o vento se tornam então contrários. A nau não consegue avançar contra o vento, e nem convém insistir. Nessas situações, era aconselhável baixar as velas, e simplesmente resistir, o que já não era pouco trabalho. Durante três longas semanas não avançaram nada. Os instrumentos indicam sempre a mesma posição com relação às estrelas.

Sobrevém então a maior infelicidade. O piloto Colin Vasseur, em quem depositavam toda confiança e esperança, morre de apoplexia súbita. O êxito da viagem lhes parece definitivamente comprometido. E, como uma desgraça nunca vem sozinha, a tempestade, que até agora os poupara, começa a rugir. Nollet Epeudry, o co-piloto transformado subitamente em piloto principal, faz o que pode. São "rudes tormentas", que sacodem o navio durante dias, entre lufadas de vento e relâmpagos, numa escuridão de fim de mundo. Contra os elementos desencadeados, eles nada podem fazer. Deixam-se ir ao sabor do mar, ao abandono. Agora estão realmente desencaminhados. De nada lhes servem os mapas e os instrumentos. As estrelas estão invisíveis, e a própria linha do horizonte se esfuma numa distância inimaginável. A rota, que até aquele ponto parecera razoavelmente segura, está perdida. Os burgueses confabulam com o piloto. Enquanto isso, os marinheiros sussurram entre si. E se aquela bruma infinitamente cinzenta fosse o temido "fim do mar", o abismo definitivo?

Oito longas semanas haviam passado desde a alvissareira visão dos caniços flutuantes, seguida pela desgraça da morte do piloto principal. A comida se torna então realmente rançosa, e a água colhida na tempestade não é como a da terra, nem em quantidade suficiente para renovar os pestilentos tonéis de bordo. Os tripulantes do *L'Espoir* não sabem o que é pior, se a faina exaustiva das horas de tempestade, ou a ociosidade impotente das horas de calmaria. Na ausência de ventos, o navio quase se imobiliza, e a situação física e psicológica dos mareantes piora dia a dia.

Mas eis que, da vigia, um marinheiro começa a gritar. Todos correm ao tombadilho e vêem pássaros vindo e voltando para o Sul, sinal inequívoco de terra. Alguns se põem de joelhos, agradecendo a Deus. Já sentem aquele maravilhoso cheiro de terra no ar, descrito por Thevet: "Agora, chegava até a nós o suave olor das árvores, ervas, flores e frutos da terra. Bálsamo algum, nem mesmo o de Egito, jamais me pareceu tão perfumoso e agradável! Deixo à imaginação de cada um avaliar a alegria com que os pobres navegantes receberam esta brisa, conquanto estivessem há tempos privados de pão e até mesmo da esperança de um dia alcançar os meios necessários para seu regresso".

O Capitão delibera com seus sócios e com o piloto. Examinam mais uma vez os mapas, medem mais uma vez a posição do navio. Se seguirem os pássaros, estarão voltando as costas à Índia Oriental. Adeus especiarias e outras riquezas que buscavam! Mas antes perder a viagem do que perder a vida. A necessidade faz virar as velas. Perdidas as Índias Orientais, restavam-lhes, talvez, as Novas Terras das Índias, que não eram seu objetivo mas que, como sabiam, espanhóis e portugueses tinham encontrado, e seus conterrâneos também conheciam, tendo mesmo realizado ali alguns negócios. E o principal, naquele momento, era descer em alguma terra, fosse ela qual fosse.

Assim, no dia 5 de janeiro de 1504, depois de sete meses de viagem e seis meses de alto-mar, "descobriram uma grande terra". Cabral levara menos de dois meses para chegar à costa brasileira. O uso da palavra *descobriram*, pelos declarantes normandos, indica que eles a imaginam desconhecida. Eles não sabiam, ou não queriam saber, que essa terra já fora descoberta pelos portugueses, em 1500, ou talvez mesmo antes, e que se chamava Terra de Santa Cruz. Talvez os marinheiros lusos, Bastião e Diogo, tenham identificado a terra. A viagem de Cabral tinha tido grande repercussão em Lisboa e em todos os portos, e dizia-se mesmo que outras frotas haviam sido enviadas recentemente. Mas os franceses preferiam ignorar essa hipótese incômoda, e esquecer o que tinham ouvido sobre a bula *Inter Coetera* do Papa Alexandre VI, atribuindo, em 1493, as Índias Ocidentais aos espanhóis e portugueses, e sobre um certo

Tratado das Tordesilhas que, levado a sério, os colocava em situação de infratores. Segundo esse tratado, assinado em 1494 sob o arbítrio do Papa, traçava-se uma linha de demarcação a 370 léguas de Cabo Verde, a oeste da qual as novas terras pertenciam à Espanha, e a leste, a Portugal. Gonneville devia desconfiar que as terras ora avistadas já pertenciam a uns ou a outros, mas não faz a isso qualquer menção. O que era urgente era aportar naquela grande terra. A quem pertencia se veria depois. Lá, tão longe de Roma e das cortes européias, tudo isso devia parecer-lhes duvidoso. Algum tempo depois, o próprio Rei da França, Francisco I, contestaria o Tratado das Tordesilhas, com a frase famosa: "Gostaria de ver a cláusula do testamento de Adão que me exclui da partilha do mundo".

A única certeza dos tripulantes do *L'Espoir* era o direito natural, conquistado com tanto sofrimento, de pôr os pés naquele chão. Desde a visão da terra tão desejada e o momento de dela se aproximar transcorreram 24 horas. Um vento contrário vinha de sua direção, opondo-se aos desejos do navio. Só lhes restava, durante essas longas horas, ficar olhando a terra e especulando sobre suas dimensões e seus recursos. Finalmente, quando o sol do dia seguinte já declinava, o vento amainou e puderam lançar a âncora, que encontrou bom fundo. E a impaciência era tal que, apesar da noite que caía, alguns marinheiros já quiseram ir à terra reconhecer. Em grande excitação, baixaram um barquinho e lá foram, remando, até a praia. Mas voltaram logo, sem ter podido ver grande coisa, pois a noite caía. O simples fato de terem posto os pés em terra firme era, porém, uma alegria enorme. Quase ninguém conseguiu dormir aquela noite.

Na manhã seguinte, a grande terra, com sua praia de areia branca e sua vegetação espessa, de um verde mais escuro do que a da Europa, estava ali à espera e ao alcance dos navegadores. O Capitão, com sua autoridade e bom senso, veio pôr um pouco de ordem nos procedimentos. Designou alguns marinheiros para descerem uma barga e, nela, irem procurar um porto seguro para a nau. O dia, a bordo, foi de espera. À tarde, a barga voltou com boas notícias. Tinham achado um porto excelente, na desembocadura de um rio que lhes lembrava o familiar rio Orne da Normandia.

Desde as pesquisas do geógrafo d'Avezac, acredita-se que esse rio é o rio São Francisco do Sul, no atual estado de Santa Catarina. Considerando a zona de calmaria onde *L'Espoir* ficara detido, zona assinalada em todos os mapas de ventos como situada logo abaixo do Trópico de Capricórnio, o geógrafo conclui: "já que a terra onde aportaram estava ao sul do Trópico, e que aí chegaram ao sair da calmaria, torna-se evidente que o desembarque deve ter ocorrido na costa do Brasil, entre as latitudes de 24° de um lado e de 27° a 30° de outro''. Uma descrição do fim do século XVI confirma a desembocadura desse rio como um bom lugar para aportar: ''Do rio Alagado ao de São Francisco são cinco léguas, o qual está em vinte e seis graus e dois terços e tem na boca três ilhéus. Neste rio entram navios da costa, onde estão seguros de todo o tempo [...] Por este rio entra a maré muito, por onde se navega barcos com barcos, no qual se metem muitas ribeiras''. Comparando com o Orne, d'Avezac conjetura, entretanto, que o rio em questão poderia ser o antigo rio Alagado, de desembocadura um pouco mais larga. Poderíamos objetar que a embocadura do Orne é mais estreita e mais simples, sem ilhas ou ilhéus e que, por isso, poderia tratar-se de qualquer outro rio menor da região. Saber exatamente qual não tem, todavia, maior importância.

BOA TERRA E BOA GENTE

Naquele lugar permaneceram por seis meses, consertando o navio dos estragos. Todo carunchoso e gasto, *L'Espoir* nem parecia mais aquela nau reluzente e bem aparelhada que saíra de Honfleur seis meses antes. Mas o Capitão devia olhá-la com orgulho e ternura, lembrando as tempestades que ela enfrentara até trazê-los, exaustos mas sãos e salvos, às Novas Terras das Índias.

E ali encontraram uma ''gente simples, que não pedia mais do que levar uma vida alegre sem grande trabalho'', e com a qual conviveram cordialmente. Essa gente eram os índios carijós, como deduziria, três séculos mais tarde, o perspicaz d'Avezac.

Mais preocupado, nessa altura do relato, com o estado da nau do que com a terra e a gente descobertas, Gonneville nada diz sobre o encontro e os primeiros contactos com essa gente. O modo natural como os índios entram no relato indica que sua presença naquela terra não os surpreendeu, parecendo mesmo prevista. Os relatos de Colombo, Vespúcio e outros, transmitidos à boca pequena em Lisboa e nos portos normandos, os haviam talvez preparado para esse encontro. E a referência posterior, na *Relação*, a outras viagens de normandos e bretões permite supor outras informações.

Tudo deve ter ocorrido segundo o esquema habitual nos relatos da Descoberta, estudado por Mollat:

> A análise das modalidades dos encontros autoriza a verificação de certa analogia, ou mesmo de certa similitude dos comportamentos respectivos e recíprocos de uns e outros [...] Em todos, o espanto foi acompanhado de reserva, de desconfiança, de receio, e se traduziu por hesitações, uma espécie de vai-e-vem, até chegarem à troca de presentes e ao esboço de marcas de confiança. A aproximação do Outro não podia — e não pode — fazer-se senão após um tempo de observação e experiências. O olhar e os gestos precederam a comunicação oral.

O bom entendimento dos tripulantes do *L'Espoir* com as gentes da terra se fez "depois que elas foram cativadas pelos cristãos por meio de festas e pequenos presentes". A palavra *cristãos*, que começa então a ser usada na *Relação* para designar os europeus, é reveladora. Agora, eles estão "do lado de lá" (*par delà*), fora da Cristandade que define sua identidade. É como diferentes e superiores que eles vão colocar-se imediatamente diante dos não-cristãos. Assumem logo uma posição de vantagem, cativando os outros com presentes baratos.

E, durante toda a sua permanência, mantêm boas relações com os índios. O verbo *converser*, usado então pelos declarantes, não significa aí um entendimento lingüístico, mas apenas uma convivência cordial. Mais adiante veremos que a comunicação se estabelece por sinais.

A longa e precisa descrição dos índios, de seus costumes e habitações permite que os reconheçamos como sendo os carijós. De fato, vários documentos atestam que estes eram os habitantes dessa região e, além disso, os pormenores fornecidos por Gonneville coincidem exatamente com os testemunhos portugueses posteriores.

Apesar de numerosos estudos, pouco se sabe sobre os carijós no início do século XVI. Considera-se, comumente, que carijó é apenas o nome antigo dado aos guaranis. Mas a coisa não é tão simples. Os carijós seriam, originalmente, índios diferentes dos guaranis e, em algum momento anterior à Descoberta, teria ocorrido uma fusão da nação guarani com a nação carijó, tendo sido esta dominada por aquela. De qualquer maneira, o termo *guarani* só aparece em documentos portugueses posteriores, e tudo o que se sabe sobre os carijós do século XVI os identifica com os guaranis.

Gonneville descreve seus hospedeiros como acolhedores e cordiais, vivendo de caça, pesca e pequena agricultura, vestidos com mantos de pele ou plumas, habitando cabanas de cobertura vegetal, dormindo sobre esteiras. No fim do século, Gabriel Soares de Sousa dizia dos carijós:

> Esse gentio é doméstico, pouco belicoso, de boa razão; segundo seu costume, não come carne humana, nem mata homens brancos que com

eles vão resgatar, sustentam-se de caça e peixe que matam, e de suas lavouras que fazem, onde plantam mandioca e legumes como os tamoios e tupiniquins. Vivem estes índios em casas bem cobertas e tapadas com cascas de árvores, por amor do frio que há naquelas partes. Essa gente é de bom corpo, cuja linguagem é diferente da de seus vizinhos, fazem suas brigas com contrários em campo descoberto, especialmente com os guaianases, com quem têm suas entradas de guerra; e como os desbaratados se acolhem ao mato se têm por seguros, porque nem uns nem outros sabem pelejar por entre ele. Costuma esse gentio no inverno lançar sobre si umas peles de caça que matam, uma por diante, outra por detrás.

A docilidade dos carijós fez com que, mais tarde, os missionários os considerassem "a melhor nação do Brasil". Essa definição é repetida por numerosos jesuítas, que escolheram os carijós como a clientela favorita para a evangelização. Em 1550, escreve o Padre João de Azpicueta: "todos dizem que são os melhores gentios que há em toda esta costa do Brasil"; em 1551, diz o Padre Manuel da Nóbrega: "Tenho sabido de um gentio que está nessa terra, que vive na obediência de quem os rege e não comem carne humana; andam vestidos de peles"; em 1552, diz o Padre Leonardo Nunes: "disseram-me mil bens daqueles gentios onde estão, que são os Carijós, e a disposição que têm para ser bons cristãos". Opinião confirmada pelo jesuíta Pierre du Jarric em 1608: "a nação mais dócil e mais policiada que se encontrou, até o momento, no Brasil, de modo que eles andam todos honestamente vestidos de peles de animais, contra o costume dos outros".

Gonneville e seus companheiros tiveram, pois, muita sorte. Suas primeiras impressões a respeito dos índios ocidentais são assim as melhores. Os dois principais obstáculos à aceitação dos costumes indígenas, a antropofagia e a nudez total, inexistem aí. As roupas, penteados e enfeites dos carijós, embora modestos, são apreciados e elogiados: "E vão as mulheres e as meninas com a cabeça descoberta tendo os cabelos gentilmente trançados com cordéis de ervas tingidas de cores vivas e brilhantes. Quanto aos homens, usam longos cabelos soltos, com um círculo de plumas altas, de cores vivas e bem dispostas". Os mantos lembram os dos egípcios e boêmios; a referência a esses povos conhecidos torna os índios menos estranhos, menos distantes.

Os seis meses de estada junto aos carijós passam de modo tranqüilo, e mesmo agradável. Enquanto os marinheiros consertam e limam a nau, os principais, acompanhados de artilheiros e pajens, podem explorar a terra, em expedições costeiras que duram dois dias. Verificam que o país é fértil, encantam-se com as raridades da flora e da fauna. O senhor Nicole Le Febvre, "que fazia a viagem como voluntário, curioso e personagem de saber", está felicíssimo; lança mão de seus lápis e pincéis, para retratar os índios, os animais e as plantas desconhecidas da Europa. Ah, se o pobre senhor Coste tivesse sobrevivido à travessia, como teria tido satisfeita sua curiosidade!

A curiosidade é a qualidade (ou defeito?) maior do homem renascentista. Santo Agostinho condenava essa *libido sciendi* que afasta de Deus e que São João, em sua primeira Epístola, chamava de "concupiscência dos olhos". Ainda indecisos sobre o caráter louvável ou reprovável dessa pulsão, o certo é que os homens a ela se entregaram intensamente no século XVI. A curiosidade conhece então uma progressão geométrica: ela é o motor propulsor da ciência, e as novas descobertas, em todos os campos, a estimulam ainda mais. Raridades naturais, arqueológicas, artísticas, tudo é objeto do desejo renascentista. Com a Descoberta da América, principalmente, multiplicam-se as coleções e os gabinetes de curiosidades. "Coleção e gabinete de curiosidades são as manifestações de uma mutação: uma transformação fundamental implicando uma importância maior da memória do tempo e do lugar. Reunir, reconstituir e assim se situar, tais são talvez os critérios desse movimento de constituição dos gabinetes de curiosidades."

A modesta coleção de desenhos que o senhor Le Febvre começa a produzir não poderia rivalizar com as magníficas coleções posteriores dos Farnese, dos Medici, nem ao menos com a de seu compatriota Jean Ango. Mas a raridade do que estavam vendo dava a esses desenhos um valor indiscutível, que Gonneville e seus sócios sabiam avaliar em termos mercantis. Razão pela qual a perda desses desenhos será repetidamente deplorada na *Relação*. E até hoje essa perda é lamentada pelos historiadores brasileiros.

Na falta dos desenhos, Gonneville descreve as habitações e os costumes dos índios. Ao fazê-lo, está satisfazendo a curiosidade dos funcionários reais e, por procuração, a do Rei. Seu relato aí se afasta, aparentemente, dos objetivos precípuos da declaração (o inventário das perdas sofridas para efeito de indenização), e se torna descrição etnológica pelo simples gosto de saber, de lembrar o vivido, de agradar aos ouvintes.

A descrição das casas e da aldeia coincidem, também, com as informações posteriores sobre os carijós:

> E as habitações dos índios formam aldeias de trinta, quarenta, cinqüenta ou oitenta cabanas, feitas à maneira de galpões com estacas

> unidas umas às outras, ligadas por ervas e folhas, com as quais os ditos habitantes são igualmente cobertos; e têm por chaminé um buraco, para fazer sair a fumaça. As portas são bastões corretamente ligados; e eles as fecham com chaves de madeira, quase como as que se usam, nos campos da Normandia, nos estábulos.

A única diferença notável, na descrição de Gonneville, se refere ao número de habitações por aldeia, muito superior ao número fornecido algumas décadas mais tarde pelos jesuítas, e repetido por A. Métraux. A esse respeito, diz Charles Verlinden: "Cremos que a importância dessa informação não foi suficientemente notada. Convém, com efeito, não esquecer que as fontes antigas, sobre as quais nos apoiamos habitualmente, são muito posteriores a Gonneville e que, se as aldeias comportam mais tarde menos casas, isso é sem dúvida devido à influência da penetração dos brancos e ao deslocamento e desaparecimento da população indígena". Verlinden também contesta a objeção de Métraux à referência que Gonneville faz a "chaves de madeira", explicando que essa "chave" nada mais é do que "um pedaço de pau passado num outro que o fecha", uma tramela como a dos estábulos normandos.

Os hábitos dos índios correspondem, igualmente, ao que se sabe dos carijós: "E seus leitos são esteiras macias cheias de folhas ou penas, suas cobertas são esteiras, peles de animais ou plumagens; e seus utensílios domésticos são de madeira, mesmo as panelas, mas estas são revestidas de uma espécie de argila da espessura de um dedo, o que impede que o fogo as queime". Assim, mesmo se a *Relação* de Gonneville não tem a extensão e a riqueza de detalhes que terão, mais tarde, os relatos de Thevet e Léry, ela é rica e convincente no que se refere aos índios.

Embalado em seu relato, Gonneville conta o episódio do mau filho punido pelo Rei. Aí já é possível ter mais dúvidas quanto à exatidão da história, já que se trata de uma interpretação que se faz sem entendimento lingüístico, fundamentada num código ainda restrito a sinais. A história parece corresponder mais à ética dos europeus do que à dos índios. É um episódio exemplar, do ponto de vista cristão, pois, mesmo se o castigo parece excessivo, ele comprova as regras comportamentais louváveis e rigorosas que prevaleciam entre seus hospedeiros. A figura da mãe de joelhos, pedindo perdão por seu filho ingrato, dá subitamente à *Relação* um toque de melodrama estranho ao contexto de um discurso legal, mas certamente apreciado pelos ouvintes. Entretanto, abona a interpretação de Gonneville o fato de os tupis-guaranis serem realmente muito amorosos e protetores com relação às mulheres.

AROSCA E SUA CORTE

Ao contrário de outros descobridores, Gonneville observou imediatamente que os índios estavam politicamente organizados. Se sua *Relação* não tivesse ficado perdida, os franceses não teriam repetido, por longo tempo, que os selvagens não tinham "nem rei, nem lei, nem fé" (e que, por isso, não eram capazes de pronunciar as letras *r, l* e *f*).

O Chefe Arosca era "homem de postura grave, estatura média, gordinho, de olhar bondoso". Nada de selvagem ou de assustador nessa figura de cacique. É pai de família numerosa e, se guerreia com seus vizinhos, essas lutas acontecem fora do palco da *Relação,* fora das vistas dos cristãos, e não passam de breves excursões. Entretanto, o número de guerreiros chefiados por Arosca é impressionante: quinhentos ou seiscentos. Como, em seu relato, Gonneville não é dado a exageros, e além disso, na qualidade de comerciante, muito preciso nos números, podemos supor que estes sejam exatos, e aferir daí que as aldeias carijós eram densamente povoadas.

Arosca não era bobo. Viu logo o proveito que poderia tirar das armas de fogo de seus hóspedes, em suas excursões guerreiras. Acontece que Gonneville e seus sócios eram também espertos. Que proveito poderiam eles tirar de sair dando tiros nos outros índios? Gastariam munições, fariam inimigos e perderiam eventuais parceiros para suas trocas comerciais que, até então, corriam tão bem. Muito corteses, eles se escusam. No que agiram habilmente. Outros franceses, que anos depois se viram na mesma situação, na Flórida, tiveram a imprudência de aceitar um convite análogo, e tudo o que conseguiram foi a inimizade de todos os nativos. Charles-André Julien observa que Gonneville deu aí mostras de "uma sábia reserva, que foi raramente observada depois dele".

O retorno dos carijós, após uma vitória, "foi motivo de grande alegria para todo o seu povo". Esses festejos, não descritos mas reduzidos à muito compreensível reação psicológica de alegria, vêm uma vez mais confirmar a "civilidade" dos carijós. Muito diferentes foram as experiências posteriores de Thevet e Léry com os tupinambás, especialmente aterradores nessas voltas de batalhas, seguidas de banquetes antropofágicos.

Os nomes próprios citados — Arosca, Essomericq e Namoa — são um enigma lingüístico. No século XIX, o historiador Ramiz Galvão consultou "um ilustre especialista, o doutor Almeida Nogueira", que propôs as seguintes hipóteses: Essomericq seria uma deformação de *Içá-miri*, em tupi, "chefe pequeno"; Arosca, *Ñ arô içá,* "chefe de guerra"; e Namoa, *Ñ amô a,* "os que vêm de longe".

O cacique Arosca vinha, com os outros chefes seus subordinados, visitar o navio. Gonneville e os companheiros tentam distinguir, os adereços dos índios, signos distintivos de nobreza e poder como aqueles existentes nas cortes européias. Nesse exato momento de passagem da Idade Média para o Renascimento, a vestimenta ganha uma diferenciação e um luxo de pormenores que funcionam como um código, revelando nitidamente a situação econômica e a posição social do portador. Como os carijós não oferecem muitos elementos para tal leitura, os normandos se concentram na cor das penas de suas "coroas". O que poderia ser puro acaso, resultante da cor das aves disponíveis, é interpretado por eles como a ordem simbólica de uma corte. Mas também não é impossível que Gonneville tivesse razão.

A admiração irrestrita dos índios pelas riquezas dos cristãos é aceita, com condescendência e certa fatuidade, pelo Capitão e seus companheiros. Não era nada mau sentirem-se como "anjos descidos do céu". Colombo e Vespúcio também gozaram dessa lisonjeira pretensão: "eles sabem que há um Deus no céu e acreditam que viemos de lá", dizia o primeiro.

Mas o "anjo" Gonneville nunca se esquece de que é um comerciante. Deixa-se admirar, porém permanece atento ao fato de que, em troca de bugigangas baratas, os índios lhes dão tudo o que eles desejam.

Mais do que os espelhos, as miçangas e utensílios dos cristãos, os índios admiram sua capacidade de transmitir ordens por escrito. "Eles não conseguiam explicar como o papel podia falar". A mesma observação, expressa da mesma forma, foi feita por outro cronista da Descoberta, Pietro Martire d'Anghiera, que anotou a grande admiração dos nativos da ilha de São Domingos pela virtude que tinham os brancos de "fazer falar o papel". O texto de Pietro Martire em que aparece a expressão só foi impresso em 1511, e a *Relação* de Gonneville não circulou. Devemos atribuir o uso dos mesmos termos à mentalidade européia geral? De qualquer maneira, a expressão "fazer falar o papel" fez fortuna. Na segunda metade do século, Francisco López de Gómara a registra: "Espantaram-se muito com as cartas que os espanhóis escreviam uns aos outros, pois pensavam os índios que tinham espírito de profecia, pois sem ver-se nem falar-se, entendiam-se, ou que o papel falava" (*História ge-*

neral de las Índias). E Jean de Léry o refere, ao anotar experiência análoga.

Os índios manifestavam grande intuição ao temer os cristãos pelo poder da escrita. Em breve, os papéis trocados entre reis, papas e capitães os privariam de suas terras, de seus direitos, de suas vidas.

SOB O SIGNO DA CRUZ

"E aí os companheiros do navio decidiram voltar à França, recusando-se a navegar do dito lugar até a Índia, dizendo que aquele mar ainda não fora navegado por cristãos, que o tempo fora perdido, e também o principal piloto, que era a principal fiança da viagem; e que, ainda mais, o dito navio não poderia agüentar tal percurso. De modo que, por essa e outras razões, que todos endossaram, para desencargo do Capitão, foi decidida a volta à Cristandade." A afirmação de que "aquele mar ainda não fora navegado por cristãos" parece contradizer outras passagens da *Relação*, em que os declarantes sugerem ou afirmam terem conhecimento de outras viagens européias àquelas paragens. Podemos, entretanto, entender que o mar desconhecido a que eles se referem seria aquele entre as Índias Ocidentais e as Índias Orientais, talvez a procurada passagem pelo Oeste, que Magalhães só descobriria em 1519. Voltar à França não lhes parecia tão difícil, já que se tratava simplesmente de subir o Atlântico (subida que seus instrumentos mediam muito bem) e, a partir da linha do equador, reencontrar rotas conhecidas.

Enganavam-se, porém, ao pensar que eram os únicos cristãos naqueles mares meridionais. Os portugueses já andavam por ali, e por pouco os franceses não os encontram. Em 1501, uma frota enviada por Dom Manuel, na qual viajava Vespúcio, percorrera a costa sul da América até a Patagônia, viagem repetida por Gonçalo Coelho em 1503.

Antes de partir, os franceses decidem deixar, na terra que os acolheu, uma marca de sua passagem. No dia de Páscoa de 1504, realizou-se a "devota cerimônia" da chantadura de uma grande cruz de madeira pintada, num outeiro com vista para o mar. A singela procissão descrita por Gonneville irmanou marinheiros e nativos, como numa festa de aldeia normanda. Música e ritual sempre tiveram muito sucesso junto aos índios. Depois da cerimônia, fez-se uma grande distribuição de presentes ("bugigangas baratas, mas por eles prezadas'', anotam uma vez mais os bons comerciantes), ''para que o fato lhes ficasse na memória''. Gonneville e seus companheiros são homens de fé; mas são também práticos e realistas. As almas se conquistam com bens materiais.

O sábio senhor Le Febvre cumpre, então, uma nova tarefa intelectual: redigir a inscrição que figuraria na cruz, não uma inscrição qualquer, como ''aqui esteve Gonneville'', mas um dístico numeral latino indicando, de modo astucioso, a data do evento. Além da inscrição, a cruz trazia o nome do Papa, que era Alexandre VI (o escandaloso Rodrigo Borgia), no momento em que eles tinham deixado a Europa; do Rei, que era Luís XII; e do Almirante de França, que era Louis Mallet de Graville.

O texto inscrito na cruz é revelador. Não se trata de uma tomada de posse da terra, mas de uma associação firmada entre os normandos e os indígenas, um tratado de aliança. De fato, esses primeiros comerciantes franceses que vieram ao Brasil não pretendiam instalar-se na terra e colonizá-la, mas apenas estabelecer boas relações com os índios, visando presentes e futuros negócios. A terra não é por eles batizada, e o nome do Rei da França aí figura não como o de seu dono, mas, juntamente com o do Papa e o do Almirante, na qualidade do Superior a que os normandos prestam obediência e homenagem.

É elucidativa a comparação com as cruzes plantadas mais tarde por Jacques Cartier, no Canadá; estas já têm uma nítida função de tomada de posse. A primeira, em 1534, exibia um escudo com três flores-de-lis e a inscrição ''Vive le Roi de France''; na segunda, em 1535, figuravam as armas da França e a inscrição ''Franciscus Primus, Dei Gratia Francorum Rex, Regnat''. O chefe iroquês Donnacona compreendeu bem as intenções de Cartier; tanto que fez um longo discurso e, ''fazendo o sinal da cruz com dois dedos'', mostrou a terra ''como se quisesse dizer que toda a terra era dele e que não devíamos plantar a dita cruz sem seu consentimento''. Os iroqueses só se acalmaram quando Cartier lhes disse que a função da cruz era apenas a de balizar a entrada do porto.

Nossos carijós eram menos desconfiados, e as pretensões de Gonneville menos ostensivas. Os normandos dão a entender aos índios que eles ''deviam conservar e honrar a dita cruz''. Como o teriam comunicado? ''Por sinais e de outras formas, o melhor possível'', o que mostra que mesmo depois de seis meses a comunicação é precária. A gestualidade desempenhou um papel fundamental nesses primeiros contactos dos europeus com os americanos, e nunca saberemos até que ponto ela era um meio eficaz de comunicação, porque a interpretação que possuímos dos gestos dos índios é exclusivamente européia.

Terminadas as recomendações, chega a hora de partir. Fica a cruz, como testemunho da estada dos cristãos. Em contrapartida, eles querem levar algo, como prova de ali terem estado; ainda melhor do que os objetos e animais da terra seria um homem da mesma, um índio. "E porque era costume daqueles que chegam às novas terras das Índias levarem delas à Cristandade alguns índios..." — a explicação é intrigante. Costume? À primeira vista parece estranho que já se fale em "costume" apenas doze anos após a Descoberta. Mas, de fato, antes da viagem de Gonneville, já tinham sido efetivamente levados para a Europa algumas centenas de índios. De suas duas viagens, Colombo teria voltado com 36; Bartolomeu Colombo em 1496 teria levado 300; Vespúcio, em 1497-8, 222; Pinzón, em 1499, 36; Diogo de Lepe, no mesmo ano, um número indeterminado. Ressalvados possíveis exageros, sobretudo de Vespúcio, a existência de habitantes na América já não era então nenhuma novidade, e não é tão espantoso que Gonneville fale em "costume".

Costume ou não, o fato é que Gonneville conseguiu realizar seu projeto. Pelo que ele conta, tudo se fez da maneira mais cortês, como todas as suas transações com os carijós: "tanto se fez, com tal gentileza, que o dito chefe Arosca consentiu que um de seus filhos jovens, o qual se dava bem com os do navio, viesse à Cristandade". Para tanto, Gonneville prometeu que o jovem índio aprenderia a arte da artilharia, "o que eles desejavam intensamente, para poderem dominar seus inimigos", e outras artes como a de fabricar espelhos, facas e machados; prometeu também "trazê-lo de volta dentro de vinte luas ao mais tardar". Essas promessas nos deixam pensativos. Parecem bastante complexas para um entendimento que, como se viu acima, era ainda gestual. Por outro lado, as expressões usadas pelos declarantes da *Relação* fazem supor uma duvidosa sinceridade: "faziam-no crer que...", "tendo acreditado firmemente nessas coisas..."; e as promessas feitas são comparadas à de "ensinar-lhes a pedra filosofal".

Até o último momento, os carijós se mostram bons hospedeiros. Vêm "em escolta até o navio" e fornecem aos normandos "muitos víveres, numerosas e belas plumagens e outras raridades, como presentes que eles enviavam ao Rei nosso Senhor". Arosca faz Gonneville jurar que voltará, efetivamente, dali a vinte luas. A complexidade dessas intenções e juramentos, uma vez mais, parece-nos excessiva para uma comunicação meramente gestual. Muito mais pungente é o "grande grito" coletivo na hora da partida. A separação, a perda, a ausência estão indiscutivelmente significadas nessa manifestação pré-verbal que, vinda do fundo comum corporal, supre qualquer linguagem e comunica plenamente.

Os índios "davam a entender que conservariam bem a cruz; fazendo o sinal dela com dois dedos cruzados". O que teriam entendido os carijós a respeito daquela cruz? Certamente, perceberam que os franceses a prezavam muito, e talvez fizessem esse sinal de cruzar os dedos simplesmente para agradá-los. Cruzar dois dedos para significar a cruz é o gesto mais elementar, como comprova o relato de Cartier acima citado (e, naquele caso, o sinal nada tinha de cordial). Entretanto, relatos posteriores sobre os carijós mostram que eles desenvolveriam uma relação particularmente intensa com este símbolo da Cristandade.

Em 1552, o jesuíta Padre Leonardo Nunes escreve ao Padre Manuel da Nóbrega: "E cada aldeia tem uma cruz, e logo de manhã se levanta o Principal e ajunta toda a gente cada um em sua aldeia, e o que melhor sabe as orações as ensina aos outros e acabado isto cada um adora a cruz, e vai ocupar-se em seus trabalhos. Se acontece passar pelas aldeias algum Padre que saibam que leva a cruz, irão uma légua ou duas atrás dele para que ele os deixe beijá-la; e se algum cristão vai por aldeia onde não haja cruz, dão-lhe tudo o que têm para que lhes faça alguma". Gonneville não tinha, pois, nada a temer quanto à conservação de sua cruz.

Chega a hora de partir. Sobem a bordo todos os franceses, mais o jovem Essomericq acompanhado de Namoa. Levantada a âncora, *L'Espoir* começa a afastar-se lentamente da praia. O alarido dos índios vai sendo pouco a pouco recoberto pelo ruído das ondas. A praia vai se transformando numa tênue linha branca sobre a qual o grupo carijó, visto do tombadilho, é apenas um ponto escuro. Nunca mais os tripulantes da nave reveriam aquela terra e aquela gente.

O BATISMO DE ESSOMERICQ

No dia três de julho de 1504, *L'Espoir* deixa as *Índias Meridionais*. Até então, as terras encontradas tinham sido designadas, genericamente, como *Novas Terras das Índias*. Agora são chamadas de *Índias Meridionais*, em oposição às que encontrarão mais acima, e que chamarão de *Índias Ocidentais*. Essa distinção é importante, como se verá.

Navegam ao largo da costa brasileira por quatro longos meses. Durante a viagem, a tripulação é acometida de "febre maligna", proveniente de "estarem gastas e fedorentas as águas do navio". A designação da doença, diversa da do "mal do mar" sofrido na travessia do Atlântico, faz supor que agora não se trata do escorbuto mas de uma infecção intestinal severa. Desse mal, morrem mais quatro tripulantes: Jean Bicherel, o cirurgião do navio (logo quando mais precisavam dele!); Jean Renoult, soldado; Stenoz Vennier, que era da própria aldeia do Capitão e seu criado; e o índio Namoa.

Surge então um grande problema religioso. Estando Namoa agonizante, discute-se se ele deve ou não ser batizado. Desejando apenas resolver uma questão concreta e premente, Gonneville e seus companheiros não sabiam que estavam entrando numa enorme polêmica teológica, que já ocupava e ocuparia os sábios e os doutores da Igreja durante várias décadas.

A descoberta dessa outra humanidade, que não conhecia a fé cristã e, pior, parecia viver muito bem sem a conhecer, perturbou muito os europeus. Já não era pouca coisa verificar que eles existiam, contrariando Santo Agostinho, que negara terminantemente a existência de seres humanos do outro lado da terra (*De Civitate Dei*, XVI, 9); era preciso decidir se, perante Deus, eles eram homens como os outros.

Através do século XVI, e ainda no seguinte, levantaram-se várias teorias sobre a origem dos índios. Em 1520, Paracelso achava que eles não eram descendentes de Adão, e constituíam uma outra humanidade; que, como os gigantes, as ninfas, os gnomos, os pigmeus, pertenciam àquela classe de criaturas em tudo semelhantes aos homens, exceto a alma (*Liber de Nymphis*). Num manuscrito sevilhano de 1540, um certo Doutor Roldan defendia a tese de que os índios são hebreus, descendentes de uma das dez tribos de Israel, aquela que foi levada para a Assíria por ter pecado e adorado outros deuses. Tese que ainda é retomada no fim do século por Gilbert Génébrard, que invoca a referência cabalística aos "hebreus fechados", ligando-a ao caráter insular da América (*Chronographie libri quatuor*, 1580). Johannes Reuchlin (*De arte cabalistica*, 1517) e Huldricus Zuingluis (*Christianae fidei brevis et clara expositio*, 1536) defendiam a existência de dois Adões, um antepassado dos europeus e outro, dos índios. Gerolamo Cardano propunha duas formas de geração, *ex semine* e *ex putredine*; esta última, geração espontânea a partir da podridão, ocorreria por força do calor, e assim teriam surgido os índios, como as minhocas e os cogumelos (*De subtilitate libri XXI*, 1547). Giordano Bruno, no fim do século, ainda acreditava numa animação universal, que produziria seres viventes a partir da ligação da Terra com o Sol.

Os conquistadores espanhóis, em geral, consideravam o índio como um homem inferior, pouco mais do que um animal. Depois do breve período inicial, em que o consideraram inocente como Adão no Paraíso, concluíram que ele era "um cão raivoso". A célebre polêmica sobre o tratamento a dar aos selvagens, que opôs, em 1555, Sepúlveda a Las Casas, implicava essa definição da natureza dos mesmos. As discussões foram infinitas. Ora, numa bula de 1537, o Papa Paulo III reconhecera os índios como "homens verdadeiros", criados à imagem de Deus, e portanto merecedores da catequização e do respeito a seus direitos. Sabe-se, entretanto, o quanto a decisão de salvar suas almas foi adotada, na maioria dos casos, de forma interesseira e oportunista. Ao longo de todo o século XVI, os espanhóis achavam que a salvação dos índios devia fazer-se em duas etapas: primeiro os bárbaros deviam tornar-se humanos, para depois se tornarem cristãos. No 1º Concílio de México, em 1555, decidiu-se que era preciso "trabalhar para torná-los homens", e até mesmo obrigá-los a serem humanos, antes de os batizar. Opinião que será repetida, até o fim do século, por Bartolomé Hernandez, Juan Polo de Ondegardo, José de Acosta e outros.

Gonneville e seus companheiros não entravam nessas sutilezas e, de certa forma, em 1504 já estavam mais adiantados na questão, pois não punham em dúvida a alma do índio ("para evitar a perdição de sua alma"), apenas o seu preparo para receber o batismo: "o dito senhor Nicole dizia que seria profanar o batismo em vão, já que o dito Namoa não conhecia a crença de nossa Santa Madre Igreja, como devem saber os que recebem o batismo tendo a idade da razão". Por terem encontrado índios tão "humanos" como eram os carijós, não põem em dúvida sua alma, mas apenas sua instrução.

Mais uma vez, o senhor Nicole é consultado como "o mais sábio do navio", e sua opinião é acatada. Mas, tendo deixado morrer Namoa sem o batismo, o senhor Nicole é tomado de escrúpulos. E se o coitado do índio se tivesse perdido por culpa sua? O senhor Nicole deve ter pensado muito, e seus pensamentos, embora mais modestos, eram certamente semelhantes aos que Dante expressara na *Divina Comédia*: se um homem nasce e vive sem conhecer a religião cristã, e assim mesmo vive santamente, e morre sem batismo e sem fé, "onde está essa justiça que o condena? onde está sua culpa, se não crê?" (*Paraíso*, Canto XIX).

Assim, estando também doente o jovem Essomericq, o senhor Nicole muda de idéia e decide que, pelo sim, pelo não, o mais prudente era batizá-lo. E ele próprio lhe administra o sacramento, tomando como padrinhos o Capitão e seu sócio Thiéry, ficando o outro sócio, De la Mare, no lugar da madrinha. Essomericq recebe então o nome cristão de Binot, que era o do Capitão. A partir daí Gonneville, que não tinha filhos, passa a ter um afilhado seu homônimo, um Binot de outra espécie e de outra aparência, um *alter ego* selvagem pelo qual ele se sente responsável.

"E parece que o dito batismo serviu de remédio à alma e ao corpo, porque depois dele o índio melhorou, sarou, e está agora em França", comenta Gonneville com evidente satisfação. É possível que a cerimônia tenha tido efeitos psicológicos sobre o carijó, que viu talvez, no senhor Nicole, um pajé com poderes de curandeiro, e para o qual o ritual de nomeação, em presença de padrinhos, não era estranho (os guaranis têm um ritual desse tipo). O brusco salto temporal da narrativa, para o presente da declaração ("e está agora em França"), sugere uma transformação súbita e radical sofrida por Essomericq, que já é Binot e está definitivamente separado de seu passado selvagem.

OUTROS ENCONTROS

"Todos desejavam terra." Gonneville sabia precisamente onde estavam: "passado o Trópico de Capricórnio e medida a altura, achavam estar mais afastados da África do que do país das Índias Ocidentais, onde, desde há alguns anos, homens de Dieppe e de Saint-Malo assim como outros normandos e bretões vão buscar madeira para tingir de vermelho, algodão, macacos, papagaios e outras mercadorias".

Essa afirmação de Gonneville foi o argumento principal dos historiadores franceses do século XIX que defendiam a tese segundo a qual seus conterrâneos teriam descoberto o Brasil antes de Cabral. A tradição oral da Normandia dizia que Jean Cousin, de Dieppe, o teria feito em 1488, tendo chegado ao Maranhão. Ora, quando se lê, na *Relação* de Gonneville, que "desde há alguns anos" vários normandos e bretões faziam essa viagem para comerciar pau-brasil, a questão é recolocada, permanecendo, entretanto, aberta por falta de outros documentos.

Tal era, porém, a certeza de Gonneville sobre a terra e suas "mercadorias", que eles decidem arribar para se refrescarem e, preocupação obsessiva dos sócios, "compensar as despesas da viagem". A distância indicada faz crer que eles aportaram na região de Porto Seguro. Aí encontram índios bem diferentes dos cordiais carijós.

A descrição desses "índios rudes" corresponde à dos tupinambás ou tupiniquins, e se revela exata, se a compararmos com as de outros visitantes dessa região, na mesma época ou pouco depois. D'Avezac opta, com ressalvas de prudência, pelos primeiros. Charles-André Julien, baseando-se em Métraux, argumenta que, pela região em que esses índios se encontravam, seriam tupiniquins. Charles Verlinden acha que eram tupinambás, e que "é necessário afastar os tupiniquins da lista das populações com as quais Gonneville tomou contacto em 1504". Embora não se possa afirmar categoricamente que eram uma coisa ou outra (a descrição de Gonneville se presta a ambas as tribos, que não eram muito diferentes), a localização geográfica sugerida por d'Avezac e referendada por Charles-André Julien (Porto Seguro) coincide com a dos tupiniquins, que Gabriel Soares de Sousa situa na região de Ilhéus e Porto Seguro, nos primeiros anos da colonização.

Sobre os tupiniquins, diz Soares de Sousa: "Este gentio é da mesma cor baça e estatura que o outro gentio de que falamos, o qual tem a linguagem, vida e costumes e gentilidades dos tupinambás, ainda que são seus contrários, em cujo título se declarará mui particularmente tudo o que se possa alcançar. E ainda que são contrários os tupiniquins dos tupinambás, não há entre eles na língua e costumes mais diferenças do que têm os moradores de Lisboa dos da Beira".

Tupiniquins ou tupinambás, o certo é que esses índios eram bem diferentes daqueles com quem os franceses tinham convivido no Sul. "Nus como vindos do ventre da mãe" e "cruéis comedores de homens", duas características que repugnam aos europeus como sinal de barbárie. A primeira expressão, relativa à nudez, é idêntica à que se encontra em Colombo e em Vespúcio. Os lábios furados guarnecidos de pedras e os lanhos na pele observados por Gonneville são os mesmos traços referidos por Soares de Sousa a respeito dos tupinambás. Mas Soares de Sousa poderia explicar a Gonneville que os lanhos na pele não se destinavam apenas a "parecerem mais garbosos", mas correspondiam ritualmente aos inimigos que eles tinham matado. A afirmação posterior, de que eles "não têm nem Rei nem chefes", também coincide com a de Vespúcio; equivocados, os europeus dão essa informação como mais um sinal da selvageria desse povo. Mas sobre esse ponto, diferentemente de Vespúcio, a *Relação* é prudente, como no geral o é: "pelo menos não viram sinal deles". Gonneville observa, também, que ali já tinham estado cristãos, pois os índios possuíam mercadorias da Cristandade, não se espantavam com o navio e temiam, em conhecimento de causa, os canhões e os arcabuzes. Era, realmente, a região da costa brasileira mais conhecida e freqüentada, pelo menos desde Cabral.

Os normandos devem ter ali permanecido mais do que algumas horas, pois tiveram tempo suficiente para observar como os índios dormiam e o que comiam. A informação de que eles "dormem pendurados em leitos feitos como redes" e "fazem seu pão e sua bebida com certas raízes" seria confirmada por todos os viajantes, de Caminha a Léry.

A incipiente pesquisa etnológica teve, no entanto, breve duração, porque os que "bravamente" desceram à terra foram "traiçoeiramente atacados por aqueles índios maus". O pajem Henry Jesanne, o soldado Jacques l'Homme, apelidado de La Fortune, e o marinheiro Colas Mancel são capturados e "perdidos"; talvez tenham sido comidos pelos índios, sob o olhar dos do navio, como ocorreu com tantos outros viajantes.

Outros quatro tripulantes conseguem alcançar a barga e fugir, "todos feridos menos um". Ao subir ao navio, um dos feridos morre: "e este era o senhor Nicole Le Febvre acima citado que, pela curiosidade de que estava cheio, tinha descido à terra: e foi por todos pranteado, como merecedor de melhor aventura; pois ele era virtuoso, afável e sábio". Assim, pouco a pouco, a tripulação do *L'Espoir* vai sendo reduzida e privada de suas melhores cabeças: o piloto, o cirurgião, e agora o "mais sábio do navio".

A ferocidade desses índios é um argumento a mais para a tese de que seriam tupiniquins. Soares de Sousa diz que esses índios, nos primeiros contactos, eram especialmente hostis aos europeus: "Pedro do Campo [...] teve nos primeiros anos muito trabalho com a guerra que lhes fez o gentio tupiniquim, que vivia naquela terra [de Porto Seguro], o qual lha fez tão cruel, que o teve cercado por muitas vezes, e posto em grande aperto, com o que lhe mataram muita gente".

Traumatizados por esse "mau encontro" (*malencontre*), os normandos se apressam em deixar aquele lugar. Mas, como não desistem de fazer algum negócio, aportam cem léguas acima. Baseado na informação posterior de que este porto era uma desembocadura, d'Avezac conclui que se trata da baía de Todos os Santos. Nessa segunda parada, os normandos encontram "índios de aparência semelhante", provavelmente tupinambás.

Esses índios já estavam habituados ao comércio com os europeus. Não reservam nenhum mau trato aos navegantes; "e se eles tivessem maquinado algo, não teriam conseguido realizar, porque o caso precedente fazia com que não se tivesse mais confiança". Desconfiadíssimos e armados até os dentes, os franceses fazem seu tráfico, e carregam o navio com as preciosas raridades que, finalmente, compensariam os gastos da viagem. Poucos dias antes do Natal de 1504, *L'Espoir* deixa aquele local.

Ora, em 1584 o Padre José de Anchieta dirá o seguinte: "DA PRIMEIRA ENTRADA DOS FRANCESES NO BRASIL — Na era de 1504 vieram os franceses ao Brasil a primeira vez ao porto da Bahia, e entraram em Paraguaçu, que está dentro da mesma Bahia, e fizeram seis resgates e tornaram com boas novas à França". Pode ser que esses primeiros franceses vistos na Bahia fossem os tripulantes do *L'Espoir*, o que seria mais uma confirmação da hipótese topológica de d'Avezac. Mas também há registro da viagem de outro navio de Honfleur a esta região, capitaneado por Jean Denis, no mesmo ano de 1504.

Os portugueses viram com maus olhos aquele impertinente navio francês; anotaram e deixaram-no seguir viagem. Mas foi o primeiro e último que eles deixaram passar. Os seguintes já foram queimados e tomados, informa Anchieta. Começava então uma encarniçada disputa, que atravessaria todo o século XVI, entre portugueses e franceses, aqueles pela posse do Brasil, estes pelo direito de comerciar e mais tarde de aqui se instalar.

Junto com as mercadorias, Gonneville pretendia levar à França mais dois índios. Estes tupinambás foram "capturados", levados à força; com eles não houve conversa nem promessa de devolução. "Mas já na primeira noite eles mergulharam no mar, estando então o navio a mais de três léguas da costa; esses malandros são tão bons nadadores que tal trajeto não os intimida", informa a *Relação*, não sem humor.

Oito dias mais tarde, já em janeiro de 1505, avistam "uma ilhota desabitada, coberta de florestas verdejantes, de onde vinham milhares de pássaros". D'Avezac identifica essa ilha como sendo Fernando de Noronha, pela distância navegada e pela abundância de aves, que Vespúcio aí notara em sua viagem de 1503. Pássaros tão ignorantes do perigo humano que pousavam nas velas e nas mãos dos navegantes. A curiosidade feroz dos normandos, que os depenam para ver sua corpulência, é um triste sinal de que o paraíso já estava ameaçado.

E depois de cinco semanas, isto é, no início de fevereiro de 1505, "com um vento de sudoeste ultrapassaram a Linha, e reviram a Estrela do Norte". Os tripulantes do *L'Espoir* já se sentiam de novo em casa.

NA PORTA DE CASA

"Depois tiveram ventos variáveis, e algumas tormentas. E se acharam num mar cheio de ervas, com grãos redondos como ervilhaças ou algo semelhante, ligadas por longos filamentos; e o mar é ali tão profundo que, tendo lançado a sonda, não se achou o fundo." Era o mar dos Sargaços, conhecido de todos os navegantes do Atlântico Norte e descrito por d'Avezac como "aquela imensa pradaria de sargaços glaucos com vesículas redondas, vulgarmente chamados de uvas do Trópico, da qual o Capitão Leps nos deu um mapa especial".

A nau prossegue e os cálculos dos navegadores se revelam um tanto falhos, pois, acreditando estar na altura das Canárias, têm a feliz surpresa de se acharem já mais ao norte, avistando os Açores. Ancoram na ilha do Faial, onde renovam a água e os víveres, sem que os habitantes portugueses se inquietem com a procedência daquele navio francês carregado de mercadorias que, em princípio, pertenciam já à Coroa lusitana.

Retomado o mar, enfrentam novas tempestades. *L'Espoir* já se encontra em péssimo estado, assim como sua tripulação, exausta da longa travessia. Vêem-se obrigados a fazer mais uma escala, na Irlanda, para tapar alguns buracos no casco. Mais ou menos remendado, o navio toma o rumo do canal da Mancha. Estão nas vizinhanças das ilhas de Jersey e Guernesey. Gonneville e os companheiros já se imaginam entrando no porto de Honfleur, tão próximo, e se regozijam pensando nos bons negócios que poderão fazer com sua carga.

Mas eis que surge no horizonte um navio suspeito, que começa a rondá-los. Embora o navio não traga nenhuma bandeira regular, os normandos o identificam, por vários traços, como sendo inglês. O temor de que se trate de um navio pirata se transforma em certeza, aos primeiros ataques de canhão. Os normandos revidam.

A artilharia do *L'Espoir*, que até então não fora utilizada, se mostra eficiente. Ao mesmo tempo que reagem, os normandos se afastam o mais rapidamente possível dos agressores, buscando a costa francesa onde estes não ousariam chegar.

E é então que — cúmulo do azar! — surge de trás das ilhas um outro navio pirata, este familiar, evidentemente francês. Gonneville reconhece que não está em igualdade de condições para se defender. Gastara muita munição contra o inglês e o pobre navio já mal se agüentava, depois de tantos percalços. O navio inimigo está muito próximo. Alguns tripulantes do *L'Espoir* são atingidos por disparos. O Capitão tem de tomar uma decisão grave e dolorosa. Ordena ao piloto que lance a nau contra os recifes da ilha, e aos marinheiros que baixem ao mar as bargas, nas quais eles tentariam fugir, salvando pelo menos suas vidas. A nau se arrebenta, com estrépito, de encontro às rochas. O navio pirata está a poucos metros de distância, e seus tripulantes já invadem o convés do *L'Espoir*, agredindo os remanescentes com tiros e facadas. Os que tinham ganho as bargas ou mergulhado no mar, e nadavam a grandes braçadas, também são violentamente agredidos, mas alguns conseguem chegar à praia. Gonneville ainda pode ver sua nau, já meio afundada, sendo pilhada pelos piratas. Lá se vão as madeiras e as plumas, os animais exóticos sobreviventes, os objetos raros, os desenhos do senhor Le Febvre, os diários de bordo, os portulanos, os instrumentos e as armas. Tudo perdido. Aos poucos, a nau vai afundando, e acaba por mergulhar de todo.

Os piratas foram, desde sempre, um dos perigos previstos pelos navegantes. O século XVI foi, para eles, uma época literalmente de ouro. Diz Gilles Lapouge:

> Ao aumentar a terra com um novo continente, Cristóvão Colombo transforma muitos hábitos, e primeiramente os da pirataria. Novos campos se abrem à rapacidade dos corsários. As tripulações de réprobos trocam os horizontes modestos do Mediterrâneo pela solidão assustadora do Oceano [...] Sobre esse Oceano vão cargas cujo perfume é delicioso às narinas dos piratas: o ouro e as pedrarias que os espanhóis roubam da América e vertem sobre a Europa. Os piratas estendem suas redes sobre novas rotas. No caso, os franceses assumem um papel de pioneiros, e têm a vaidade de acreditar que inventaram a grande pirataria. É verdade que Colombo, já em sua terceira viagem, tem de refugiar-se na Ilha da Madeira para fugir dos franceses.

Quanto aos bretões e normandos, assim como os ingleses, a situação geográfica lhes é favorável. Não precisam nem sair de perto de casa. "Antuérpia serve de porto a toda a Europa do Norte, para aí afluem os vinhos da Madeira, as especiarias do Extremo Oriente, as madeiras preciosas do Brasil. O canal da Mancha é o cenário de um imenso jogo de caça ao tesouro." Durante todo o século, a pirataria prosperará, tornando-se objeto de infindáveis disputas entre soberanos, e sendo por assim dizer oficializada, já que os reis concederão "cartas de marca" ou "de represália", munidos das quais os comerciantes poderão, por sua vez, piratear os piratas. Serão tantas as surpresas ocasionadas pela pirataria e pelas represálias que, entre 1530 e 1550, os tesouros da América desembarcavam, freqüentemente, no porto errado; e, no fim das contas, os lucros e perdas acabavam por equilibrar-se.

Os arruinados normandos do *L'Espoir*, entretanto, não teriam outra chance. Ao chegar à ilha, só com a roupa do corpo, encharcada e rasgada, verificam que faltam doze companheiros, e que quatro deles estão gravemente feridos. Os doze desaparecidos eram todos vizinhos, de Honfleur, de Touques ou dos arredores. Entre eles, o co-piloto Nollet Epeudry, que tão bem desempenhara a difícil tarefa de substituir o piloto principal, e que fora agora atingido por um tiro de canhão.

Os habitantes da ilha vêm a seu socorro, e revelam os nomes dos agressores, muito conhecidos e temidos naquelas paragens: o bandido inglês Edouard Blunth, de Plymouth, e o espinhoso bretão Mouris Fortin. A essa altura, ambos já tinham ganho o largo. Nada mais restava a fazer, senão tratar os feridos, e refazer as forças para retomar o caminho de Honfleur.

Os quatro feridos com maior gravidade morrem na ilha. Outros três devem ali permanecer até melhorarem. Restam 28 homens, dos sessenta que tinham partido quase dois anos antes. Um barco os leva até o porto de La Hougue, e dali eles seguem por terra até Honfleur.

Os sobreviventes são o Capitão de Gonneville e seus dois sócios, provando que eram, além de comerciantes, bastante resistentes às provas físicas; os dois portugueses, que já tinham vivido toda a espécie de experiências marítimas, e se safavam de mais aquela; cinco jovens aventureiros de Honfleur que, em matéria de aventura, não tinham de que se queixar; quinze marinheiros, entre os quais um Jean Cousin, que alguns historiadores do século XIX pensaram ser aquele mesmo que teria descoberto o Maranhão, mas que não passava, provavelmente, de um homônimo, já que o nome era muito comum (aliás, eram dois no *L'Espoir*, o Velho e o Jovem); e dois pajens provavelmente adolescentes, que teriam muito a contar e a lembrar, pelo resto de suas vidas. E *last but no least*, o índio Essomericq, aliás, Binot.

De tudo o que Gonneville trazia, das Novas Terras das Índias, só lhe restava seu afilhado, raridade não comerciável mas prova viva de sua extraordinária aventura. E por todos os lugares por que passavam, o índio era alvo de grande curiosidade, "por não ter jamais havido em França personagem de tão longínquo país".

No dia 20 de maio de 1505, o grupo chegou a Honfleur. Quando os navegantes contavam o que lhes tinha acontecido, os compatriotas ficavam pasmos. Era uma história e tanto, cheia de peripécias e reviravoltas da fortuna; de modo que eles não sabiam se deviam alegrar-se com a volta dos conterrâneos, ou chorar com eles "pelos desastres advindos quase no limiar da casa" (*quasiment au seuil de l'hostel*).

FONTES BIBLIOGRÁFICAS

UM CERTO CAPITÃO DE GONNEVILLE

As informações sobre o Capitão de Gonneville e sua família provêm fundamentalmente de: d'Avezac, op. cit.; Charles Bréard, *Notes sur la famille du Capitaine Gonneville, navigateur normand du XVIe. siècle*, Rouen, Imprimerie de l'Espérance Cagniard, 1885 (publicado também no *Bulletin de la Société de l'Histoire de la Normandie*, IV, 45); idem, *Les anciennes confréries de Honfleur*, Caen, Henri Delesques Imprimeur Editeur, 1912; M. Boissais, "Binot Paulmier, dit le Capitaine de Gonneville, commandant du navire l'Espoir, 1503-1505. Ses origines, son voyage, sa descendance", comunicação apresentada no Congrès de Honfleur em 1911 publicada no *Annuaire des 5 départements de la Normandie*, Association normande, 79e. année, 1912.

Na maior parte das vezes, Boissais retoma as informações de Bréard. Em alguns casos, ele as retifica: diz que a mulher de Jean de Bellemare se chamava Françoise, e não Louise Le Paulmier; nega que Robinet Paulmier, registrado na Confraria de Caridade de Honfleur em 1468, fosse o Capitão de Gonneville, afirmação repetida por Bréard em todos os seus estudos. As informações suplementares que ele fornece (relativas mais à família e à sua propriedade que ao Capitão ele mesmo) foram colhidas, segundo ele diz na introdução, junto a um Coronel de Maussion, que seria trisneto de Marie-Anne Paulmier, "a última descendente do célebre marinheiro a usar seu nome" (p. 124). E aí o próprio Boissais se torna duvidoso, já que "o célebre marinheiro" não deixou descendência direta...

As informações sobre a antiga Honfleur, seus comerciantes e marinheiros provêm de: Michel Mollat, *La vie quotidienne des gens de mer en Atlantique, IXe.-XVIe. siècle*, Paris, Hachette, 1983; Abel Lefranc, *La vie quotidienne au temps de la renaissance*, Paris, Hachette, 1938; Charles Bréard, *Le vieux Honfleur et ses marins*, Rouen, Imprimerie Cagniard, 1897 (reimpr.: Marseille, Laffitte Reprints, 1977).

Sobre os comerciantes em geral, no Renascimento, ver Pierre Jeannin, *Les marchands au XVIe siècle*, Paris, Seuil, 1957.

Para maiores informações sobre a economia da época, ver: Vitorino Magalhães Godinho, *Os descobrimentos e a economia mundial*, 4 v., Lisboa, Presença, s. d. (1981-3); idem, "Crises et changements géographiques et structuraux au XVIe siècle", in *Revista de Economia*, Lisboa, 1958, v. XI, pp. 1-14.

Resta acrescentar uma informação curiosa, embora duvidosa. No exemplar da *Relação* editada por d'Avezac, pertencente ao Instituto de Estudos Brasileiros da USP, há uma anotação manuscrita de seu primeiro possuidor, provavelmente um bibliófilo francês do século passado. Nesta anotação, diz esse bibliófilo possuir um exemplar de Estrabão, em latim, que pertenceu ao Capitão de Gonneville. Se essa informação fosse comprovada, concluiríamos que o Capitão era homem culto e estudioso. Além disso, lembraríamos que Estrabão registrava opiniões de geógrafos anteriores sobre a existência de terras a oeste do Atlântico.

TRÊS NORMANDOS EM LISBOA

Sobre Lisboa no século XVI, há uma enorme bibliografia. Baseei-me aqui em: Jaime Cortesão, "Lisboa no ano de 1500", in Carlos Malheiro Dias, *História da colonização portuguesa do Brasil*, Edição Monumental Comemorativa do Primeiro Centenário da Independência do Brasil, Porto, Litografia Nacional, 1921, v. II, pp. 1-14; Affonso Arinos de Mello Franco, *O índio brasileiro e a Revolução Francesa*, Rio de Janeiro, José Olympio, 1937, pp. 55-6; Damião de Góis, *Lisboa de Quinhentos ou descrição da cidade de Lisboa pelo cavaleiro português Damião de Góis* (1554), trad. do latim por Raul Machado, Lisboa, Livraria Avelar Machado, 1937, pp. 48 e 51; Jorge José Letria, "Lisboa, cravo e canela", in *Jornal de Letras*, Lisboa, 8/5/1990, p. 20.

Sobre as antigas relações comerciais entre a Normandia e Portugal, ver Jules Thieury, *Le Portugal et la Normandie jusqu'à la fin du XVIe siècle, Relations, Commerce*, Paris, Aubry, 1860 (citações colhidas das páginas 11, 39 e 67).

Sobre a controvertida expedição de 1501, ver Duarte Leite, "A expedição de 1501", in *História da colonização portuguesa do Brasil*, v. II, p. 213, e A. Teixeira da Mota, "Novos documentos sobre uma expedição de Gonçalo Coelho ao Brasil", in *Agrupamento de Estudos de Cartografia Antiga*, XXV, Lisboa, Junta de Investigações do Ultramar, 1969, pp. 5-13.

A observação sobre a solidariedade dos marinheiros nos diversos portos é de Michel Mollat, op. cit., pp. 154-5.

A ARMAÇÃO DO NAVIO

As fontes das informações aqui contidas provêm de: Michel Mollat, op. cit. (citações: pp. 140 e 145); Charles & Paul Bréard, *Documents relatifs à la marine normande et à ses armements au XVIe et XVIIe siècles*, Rouen, A. Lestringant, 1889 (citações: pp. 2, 11 e 142-3).

A bibliografia relativa aos navios de descoberta é vasta e altamente especializada. Utilizei aqui, além das obras já referidas: Frédéric Mauro, "Navires et constructions navales en Europe Occidentale au XVIe et XVIIe siècles. Points de départ pour une étude comparée", e Com. L. Denoix, "Caractéristiques des navires à l'époque des grandes découvertes", in *Les aspects internationaux de la découverte océanique aux XVᵉ et XVIᵉ siècles*, Actes du Cinquième Colloque International d'Histoire Maritime, Paris, Ecole Pratique des Hautes Etudes, 1966; Francisco Contente Domingos, "Vaisseaux et mariniers", in *Lisbonne hors les murs*, Paris, Autrement, 1990.

Quanto à carga de alfinetes e agulhas, diz Paul Gaffarel: "Não se compreende a utilidade desse artigo para um país cujos habitantes usavam uma vestimenta tão rudimentar". E a explicação encontrada é a de que os normandos não conheciam ainda muito bem "seus futuros clientes" (*Histoire du Brésil français au XVIᵉ siècle*, Paris, Maisonneuve, 1878, p. 36).

A TRIPULAÇÃO

As citações de Michel Mollat foram colhidas na obra já referida, pp. 145, 36 e 153.

As generalidades relativas aos normandos provêm de: Pierre Margry, *Les navigations françaises et la révolution maritime du XIVᵉ au XVIᵉ siècle — D'après des documents inédits tirés de France, d'Angleterre, d'Espagne et d'Italie*, Paris, Librairie Tross, 1867, p. 140; Jules Thieury, op. cit., p. 2.; Charles Bréard, op. cit. (1897), p. 6.

ATRAVESSANDO O ATLÂNTICO

A rota seguida por Gonneville foi, até certo ponto, a mesma da viagem que André Thevet fez algumas décadas mais tarde e descreveu com grande riqueza de pormenores. Assim, para ampliar as observações de Gonneville, cito André Thevet, *As singularidades da França Antártica*, trad. Eugenio Amado, Belo Horizonte, Edusp/Itatiaia, 1978, pp. 221, 75, 222 e 82.

Sobre o escorbuto, colhi minhas informações em: Michel Mollat, op. cit.; Francisco Contente Domingos (que cita Pyrard de Laval), op. cit., p. 67; Jean-Michel Barrault, *Le Sacre et la Pensée*, Paris, Seghers, 1989, p. 147.

Sobre a passagem do equador, o comentário de Michel Mollat se encontra na página 193, e o de Thevet na página 80.

A questão da descoberta do Brasil pelos portugueses antes de 1500 é controversa. Duarte Pacheco Pereira teria atravessado em 1498 "toda a grandeza do mar oceano", em expedição ordenada por D. Manuel I, e chegado ao Brasil. Mas essa interpretação se presta a discussões. Ver Duarte Pacheco Ferreira, *Esmeraldo de Situ Orbis*, ed. Augusto Epifânio da Silva Dias, Lisboa, Sociedade de Geografia de Lisboa, 1975; Joaquim Barradas de Carvalho, *As fontes de Duarte Pacheco Pereira no "Esmeraldo de Situ Orbis"*, Lisboa, Imprensa Nacional/Casa da Moeda, 1982.

Acerca do lugar onde teria aportado Gonneville, as conclusões de d'Avezac se encontram na página 72 de sua obra. A descrição do século XVI está em Gabriel Soares de Sousa, *Tratado descritivo do Brasil em 1587*, São Paulo, Nacional, 1971 (Brasiliana, v. 117), p. 117.

Em conferência pronunciada na USP em 1958, Charles Verlinden contestava as conclusões de d'Avezac: "Segundo d'Avezac seria o antigo Rio Alagado, embocadura setentrional do Rio São Francisco do Sul. É necessário convir que a hipótese é gratuita, porque nada no texto permite formular a menor suposição nesse sentido" ("Paulmier de Gonneville e os índios do Brasil em 1504", in *Revista de História,* v. XIX, ano X, nº 39, São Paulo, jul.-set. 1959, pp. 3-17). Verlinden exagera. Se não há nada que *comprove* a hipótese de d'Avezac, este dá, entretanto, muitos argumentos para fundamentar sua suposição, que todos os outros historiadores e geógrafos passaram a acatar.

Verlinden parece, aliás, tomado pelo demônio da contradição, e acaba tendo de contradizer a si mesmo: tendo começado por afirmar que não se sabe se o local é aquele, se os índios eram os que afirma d'Avezac, termina por concluir de forma idêntica à do geógrafo. A conferência de 1958 parece, entretanto, ter tido o mérito de recolocar em circulação, entre nossos historiadores, a informação referente a Gonneville, que andava meio esquecida, e que, nos anos 60, voltará a ser referida nas histórias do Brasil.

Verlinden assim começava sua conferência: "Que a viagem do francês Paulmier de Gonneville não adquiriu ainda verdadeiramente direito de cidade — pelo menos tanto quanto certas outras relações de viagens devidas a autores não portugueses — entre as fontes da história dos primeiros contactos entre os europeus e os índios do litoral brasileiro, é o que revela o exame da recente, e aliás excelente, *Historiografia del Brazil. Siglo XVI*, de José Honório Rodrigues" (p. 3).

De fato, apenas J. F. de Almeida Prado, em 1939, lembrara a viagem de Gonneville em *Primeiros povoadores do Brasil* (*1500-1530*) (3ª ed., São Paulo, Nacional, 1954). Mas fizera alguma confusão nas datas; ora diz que sua chegada ocorreu em 1502 (p. 53), ora hesita entre 1503 e 1504 (p. 64). Já na *História da civilização brasileira*, de Sérgio Buarque de Holanda (dir.), São Paulo, Difusão Européia do Livro, 1963, a viagem é referida e as informações são corretas.

BOA TERRA E BOA GENTE

As conclusões de d'Avezac, identificando esses índios como sendo os carijós, se encontram na página 75 e seguintes.

A citação sobre o esquema habitual dos encontros dos europeus com os índios é de M. Mollat du Jourdin, "L'altérité, découverte des découvertes", in *Voyager à la Renaissance*, Paris, Éditions Maisonneuve et Larose, 1987, p. 310.

As informações sobre os carijós provêm das obras seguintes: Gabriel Soares de Sousa, op. cit., p. 119; Simão de Vasconcelos, *Crônica da Companhia de Jesus do Estado do Brasil*, Lisboa, 1663; Serafim Leite, *Cartas dos primeiros jesuítas do Brasil*, Comissão do IV Centenário da cidade de São Paulo, 1954, v. I, pp. 185, 268 e 337; *Histoire des choses plus mémorables advenues tant es Indes Orientales que autres pays de la découverte des Portugais*, Bordeaux, 1608-14 (citado por d'Avezac, p. 77); A. Métraux, *La civilisation matérielle des tribus Tupi-Guarani*, Paris, 1928, e *Handbook of South American indians*, Washington, 1948; Charles Verlinden, op. cit., pp. 11-2; B. Melià, M. V. de Almeida Saul e V. F. Muraro, *O Guarani — Uma bibliografia etnológica*, Santo Ângelo, Fundames/Centro de Cultura Missioneira, 1987.

Na introdução à última obra, diz o Padre Melià: "Nessa selva de papel que são as publicações relativas aos Guarani, as trilhas se entrecruzam, sem levar, aparentemente, a lugar nenhum. Os mil e tantos títulos levantados mais esconderiam do que revelariam o verdadeiro rosto desses homens e mulheres"; e o mesmo autor cita H. Baldus, que dizia: "encarando o conjunto das produções da 'etnologia guarani', vemos surgir dúvidas em toda parte" (p. 71). Sobre o carijó, como "guarani histórico", possuem-se, com maiores razões, poucos dados. A *Relação* de Gonneville, apesar de todos os argumentos em que possamos nos apoiar, não é um documento etno-histórico decisivo para a questão, pelo fato de nem os índios, nem sua localização serem aí *expressamente* designados.

Acerca da curiosidade renascentista, ver Jean Céard (dir.), *La curiosité à la Renaissance*, Paris, SEDES, 1986 (a citação é da página 65).

Quanto à perda dos desenhos de Nicole Le Febvre, diz J. F. de Almeida Prado: "No desastre desapareceram não somente a descrição da viagem, como os desenhos do tripulante Nicolau Le Fevre que a ilustravam. Fácil imaginar o valor informativo de tão preciosos documentos sobre o Brasil de 1503" (pp. 63-4).

AROSCA E SUA CORTE

Sobre a experiência dos franceses na Flórida, ver René de Laudonnière, *Histoire notable de la Floride*, in Suzanne Lussagnet (ed.), *Les Français en Amérique pendant la deuxième moitié du XVIe siècle*, Paris, PUF, 1958.

O comentário de Charles-André Julien está em sua introdução a *Les Français en Amérique pendant la 1ère moitié du XVIe siècle*, p. 5.

A citação relativa à origem celestial dos europeus está em *Diário de bordo* de Colombo, relato do dia 12 de novembro de 1492, cópia transmitida por Bartolomé de las Casas.

A observação de Pietro Martire d'Anghiera sobre a reação dos índios à escrita está em *Mondo Nuovo* (*De Orbe Novo*), ed. Temistocle Celotti, Milano. Ed. Alpes, 1930. Terza Decade, Libro IX. A referência de Jean de Léry ao mesmo assunto está em *Viagem à Terra do Brasil*, trad. Sérgio Milliet, São Paulo, Martins/Edusp, 1972, p. 158.

Sobre a defasagem no domínio da comunicação, entre europeus e nativos americanos, veja-se a tese de Tzvetan Todorov, segundo o qual a vitória dos espanhóis sobre os povos primitivos do México se deveu, sobretudo, à maior compreensão que aqueles possuíam dos códigos e seu funcionamento. *La conquête de l'Amérique — La question de l'autre*, Paris, Seuil, 1982 (*A conquista da América — A questão do outro*, trad. Beatriz Perrone-Moisés, São Paulo, Martins Fontes, 1983).

SOB O SIGNO DA CRUZ

Sobre as cruzes plantadas por Cartier, ver Ch.-A. Julien, *Les Français en Amérique pendant la 1ère moitié du XVIe siècle*, pp. 106-7 e 176.

Sobre índios levados à Europa, ver: John Hemming, *Red gold — The conquest of the Brazilian indians*, London, Macmillan, 1978, e Olive Patricia Dickason, *The Myth of the Savage*, Edmonton, The University of Alberta Press, 1984.

Sobre a relação posterior dos carijós com a cruz, ver Serafim Leite, op. cit., v. I, p. 339.

O BATISMO DE ESSOMERICQ

As teorias acerca da origem dos índios são estudadas por Giuliano Gliozzi, em *Adamo e il Nuovo Mondo — La nascita dell'antropologia come ideologia coloniale: delle genealogie bibliche alle teorie razziali (1500-1700)*, Firenze, La Nuova Italia Editrice, 1977. Sobre a concepção espanhola da conversão dos índios, ver Pedro Borges, *Misión y civilización en América*, Madrid, Alhambra, 1987.

Quanto à continuação das especulações no século XVII, ver Norman Doiron, "Discours sur l'origine des Amériquains", in *Les figures de l'Indien*, dir. Gilles Thérien, Les Cahiers du Département d'études Littéraires n.º 9, Montréal, Université du Québec à Montréal, 1988, pp. 77-85.

OUTROS ENCONTROS

As hipóteses sobre tupiniquins e tupinambás estão em: d'Avezac, op. cit., pp. 83-4; Ch. A. Julien, *Les voyages de découverte et les premiers établissements* (*XV.e-XVI.e siècles*), Saint Pierre de Salerne, Gérard Monfort Editeur, 1979, p. 20; Charles Verlinden, op. cit., p. 16.

A descrição dos tupiniquins e tupinambás por Gabriel Soares de Sousa está em sua obra já referida, nas páginas 87, 88, 307, 324 e 84 pela ordem de citação.

Sobre a ancoragem do *L'Espoir* na baía de Todos os Santos, Verlinden, uma vez mais, duvida. De fato, não se pode afirmar de modo incontestável que esse ponto do litoral brasileiro seja o único com a característica indicada, ou mesmo que tenha essa característica (já que *débouquement* significa "saída de um canal"). Entretanto, d'Avezac, além de bom conhecedor da geografia brasileira, apóia suas hipóteses em muitas pistas da *Relação*, como indicações de latitude, ventos etc. Assim, todos os estudiosos posteriores aceitam que a estada de seis meses ocorreu em Santa Catarina, e que as duas paradas posteriores foram efetuadas na costa da Bahia, sendo uma questão menor (por inverificável) o ponto *exato* em que elas se fizeram.

A citação de José de Anchieta provém de *Informação do Brasil e de suas Capitanias (1584)*, São Paulo, Editora Obelisco, 1964 (Col. Cadernos de História, n.º 3), p. 23.

NA PORTA DE CASA

A observação de d'Avezac sobre o mar dos Sargaços está em op. cit., p. 85.

As citações de Gilles Lapouge provêm de seu livro *Les Pirates*, Paris, André Balland, 1969, pp. 33 e 35. Informações sobre a pirataria posterior podem ser encontradas em Eugène Guénin, *Ango et ses pilotes*, já citado, cap. II.

No fim de sua excelente tradução, Tristão de Alencar Araripe comete um engano que prejudica o fecho da história: diz que os moradores da cidade ficam alegres por ver os compatriotas regressados da viagem "*e* livres de cazos desastrosos advindos mesmo no limiar da casa". Na *Relação*, está escrito que as pessoas estavam *aises* (contentes) de ver os compatriotas regressados, e *marrys* (pesarosas) pelos desastres advindos tão perto de casa.

3

ANÁLISE TEXTUAL DA "RELAÇÃO"

CARACTERÍSTICAS GERAIS DO TEXTO

Existem vários tipos de textos que narram as viagens de descobrimento: livros de armação, roteiros, guias náuticos, diários de bordo, descrições de terras, cartas etc. O texto que aqui nos ocupa é uma *relação*, isto é, um relato feito por indivíduos que viveram pessoalmente os acontecimentos, e no qual os eventos presidem à estrutura narrativa. Embora pontilhado de datas, não é um diário. O texto não foi escrito dia a dia; registra uma narração oral feita *a posteriori*. A *Relação* contém um inventário da carga, informações sobre a rota e a navegação, descrições de terras e de povos; mas é, sobretudo, o relato dos diversos episódios de uma grande e extraordinária viagem. Para sua justa classificação e apreciação, também não se pode perder de vista que se trata de uma *declaração* depositada em juízo, com objetivos precisos.

O relato se faz na terceira pessoa do plural, porque ele se apresenta como a transcrição, por um amanuense, da fala dos três signatários do documento: o Capitão de Gonneville e seus sócios e companheiros de viagem, Andrieu de la Mare e Antoine Thiéry. A linguagem utilizada é a dos documentos oficiais, com numerosos parágrafos abertos pela palavra latina *item* (também), remissões ao fato de que se trata de uma transcrição de um depoimento oral ("dizem que") e a insistente repetição dos "ditos" e "supramencionados".

Os objetivos da *Relação* estão claramente expressos no seu decorrer e sobretudo no fim: os signatários cumprem a exigência legal de comunicar às autoridades uma viagem de longo curso; explicam que suprem, por essa declaração, o depósito do diário de bordo, perdido no naufrágio; esperam das autoridades um ressarcimento qualquer às perdas sofridas por efeito da piratagem do navio.

Embora se trate de um documento legal, por natureza austero, esta *Relação* tem um sabor e uma riqueza de pormenores extraordinários. Que os signatários façam o inventário pormenorizado de seus suprimentos, munições e se refiram às mercadorias perdidas no naufrágio, é próprio de sua profissão de comerciantes, e sobretudo compreensível tendo-se em vista seu intento de indenização. Da mesma forma, o relato das viagens de ida e de volta, com as datas e as indicações geográficas, como ocorreria num diário de bordo, responde à expectativa das autoridades, e, em última instância, do Rei, já interessado, como os outros soberanos da Europa, nas informações sobre novas terras. Entretanto, a longa e precisa descrição de seu convívio com os índios, a questão teológica do batismo dos mesmos e outros tantos pormenores ultrapassam os objetivos da declaração, e demonstram uma curiosidade propriamente cultural, já característica do Renascimento, que é tanto a dos signatários como a de seus ouvintes oficiais.

O documento é, em princípio, obra coletiva. Entretanto, a homogeneidade do discurso em todos os níveis, e sobretudo o perfeito encadeamento sintático, mantido sem quebras do início até o fim, faz crer que foi enunciado por uma única voz, ou pelo menos dirigido por ela, incorporando em seu enunciado eventuais acréscimos fornecidos por outros. Poder-se-ia atribuir essa tarefa de orientação e unificação do discurso ao funcionário régio que o transcreveu. Sem menosprezar o trabalho do escrivão, certamente bem-feito, devemos, entretanto, observar que este reitera sua condição de ouvinte e de mero transcritor de um discurso alheio: "Dizem que...".

A precisão e o equilíbrio do relato, assim como a segurança de seu tom, indiciam, da parte do enunciador, uma qualidade de homem razoavelmente culto, sensato, observador e comunicativo, para o qual a busca do lucro não exclui a curiosidade, a reflexão ética, nem o gosto da aventura por ela mesma. Tudo nos inclina a pensar que houve um enunciador principal, e que este foi o Capitão de Gonneville, gentil-homem de cultura humanística mediana, dominando ele mesmo a leitura e a escrita, o que ainda era privilégio de poucos em seu tempo.

Nesse início do século XVI o francês ganhava autonomia com relação ao latim. Uma prova disso é o próprio fato de essa declaração ser redigida na língua nacional. Em breve, Francisco I tornaria obrigatório o uso do francês nos documentos oficiais. A língua culta assimila, entretanto, as marcas do latim, no rigor da sintaxe e na ortografia, onde a lembrança da língua romana ocasiona excessos de letras duplas, redobramento do *v* pela adjunção do *b* (como em *Le Febvre*) etc. Com uma já longa experiência da escrita, os tabeliães franceses estavam bem aparelhados e constituíam uma categoria profissional especializada.

Se a homogeneidade lingüística e a lógica sustentada no discurso indicam um enunciador principal, este não é, entretanto, individualizado. A própria experiência narrada, reforçadora dos laços de solidariedade entre aqueles que a viveram, além das circunstâncias associativas da declaração e dos interesses comuns por ela visados, condiciona um narrador socializado, representante de um grupo preciso. Além disso, como na maioria dos relatos dos Descobrimentos, o enunciador é o depositário de uma memória de bordo coletivizada.

A importância desta *Relação* é múltipla. É um documento relevante para a história dos Descobrimentos. É o primeiro documento atestando uma viagem francesa à América. E é um texto com aspectos originais e virtualidades literárias, precursor do discurso etnológico, contendo alguns eventos e indiciando certas reações que não são comuns em seus congêneres.

A "RELAÇÃO" ENQUANTO NARRATIVA

Um médico suíço, Théodor Zwinger, é o autor de uma obra que teoriza as narrativas de viagem: *Methodus apodemika in corum gratiam qui cum fructu in quocumque tandem vitae genere peregrinari capiunt* (1577). Aristotélico, ele propõe um esquema que distingue: 1) fins ou objetivos; 2) meios ou condições materiais; 3) meios de transporte; 4) resultados. Aplicado ao relato de Gonneville, esse esquema daria: 1) comércio asiático; 2) o capital dos armadores, a mercadoria de troca, a artilharia, os instrumentos e mapas, o saber do Capitão e dos pilotos; 3) a nau; 4) a experiência vivida e a adoção de Essomericq. Os resultados não corresponderam aos objetivos, mas foram compensadores apesar de tudo. Do ponto de vista literário, essa decepção transformada em êxito de outro tipo constitui um efeito-surpresa e uma agradável mutação qualitativa.

O que primeiro nos chama a atenção, neste relato, é sua configuração precisa, acabada e por assim dizer *redonda*. A aventura narrada por Gonneville é uma história completa, com começo, meio e fim, correspondendo àquilo que Aristóteles chamou de "um mito bem composto'': a representação de uma ação levada até seu termo e formando um todo (*holes*).

A narrativa tem uma estrutura tripartida que foi facilmente posta em evidência quando d'Avezac estabeleceu, no texto corrido do documento oficial, subdivisões tipográficas. A primeira parte, das quatro determinadas por d'Avezac, ainda não constitui a *ação*, mas apenas seu preâmbulo (armação do navio, origem e objetivo da empresa, carga). As outras três partes — ida, estada e volta — constituem a narração propriamente dita. O próprio assunto, viagem, arquétipo de narratividade, predispõe a essa tripartição; mas poucas relações da época de Gonneville a apresentam de modo tão claro e tão completo. Numerosos relatos congêneres decepcionam o leitor por faltarem às regras básicas da comunicação narrativa, deixando lacunas ou pontos obscuros na história, ou interrompendo-se bruscamente. Não é o caso dessa relação.

Como que naturalmente, o relato do viajante normando se compõe segundo as regras elementares da fabulação narrativa. A história se inicia por uma *seqüência de estado*: situação dos protagonistas, estado do navio. Vem em seguida uma grande *seqüência de ação*: a ''Viagem de ida''. Essa seqüência de ação desemboca numa seqüência de estado: a ''Estada nas Novas Terras das Índias''. Segue-se a última seqüência de ação, a ''Viagem de volta'', que desemboca no estado final dos protagonistas. Tudo se passa com uma lógica perfeita, as ações e estados rigorosamente ligados e explicados, sem que nenhum ato e nenhuma personagem citada permaneçam enigmáticos, contraditórios ou simplesmente abandonados sem conclusão.

Embora não se trate de uma ficção, o texto contém todos os elementos de uma boa história, capaz de cativar e manter a atenção dos ouvintes ou leitores. Cada seqüência é composta de várias unidades de ação, e algumas dessas unidades são verdadeiros *reconhecimentos* e *peripécias*, no sentido aristotélico dos termos. O reconhecimento, diz Aristóteles, ''é a passagem do ignorar ao conhecer, que se faz para amizade ou inimizade das personagens que estão destinadas para a dita ou para a desdita''. Assim, é um reconhecimento feliz o encontro com os carijós; são reconhecimentos infelizes os encontros com os tupiniquins (em especial para o senhor Le Febvre, cuja ''inocência'' carrega a cena de *pathos*, ocasionando o ''terror e piedade'' de seus companheiros) e com os piratas. A peripécia é ''a mutação dos sucessos no contrário'', uma inversão de fortuna. São peripécias, na *Relação*, as tempestades e doenças, o batismo de Essomericq que o cura, e em especial o ataque final dos piratas que, como nos casos mais louvados por Aristóteles, se junta ao reconhecimento e culmina numa *catástrofe* ("ação perniciosa e dolorosa, como o são as mortes em cena, as dores veementes, os ferimentos e mais casos semelhantes").

A estrutura é também espacialmente circular: o local de partida é o mesmo a que se volta, no fim. E, como em toda boa história, o estado final dos protagonistas não é igual ao do começo; eles sofreram uma transformação qualitativa. Essa transformação é complexa porque sugere um quiasma, cruzando o estado material e o estado espiritual, o exterior e o interior. Os heróis saíram ricos, numerosos, carregados de suprimentos de toda a ordem, e voltaram pobres, poucos, esfarrapados, desprovidos de tudo. Mas, tendo na partida apenas a curiosidade, a ambição e a esperança, qualidades vazias de conteúdo real, voltaram cheios de saber e ricos de sua extraordinária experiência, atestada e corporificada na figura de uma nova personagem, Essomericq. Em suma, os heróis voltam muito mais interessantes do que eram. Os habitantes da Normandia vêem bem essa transformação qualitativa dos viajantes: olham com grande interesse o troféu humano que eles trazem, e também atentam para a trágica *peripécia* de seu retorno. Os conterrâneos cumprem assim, à sua maneira, a função do coro: fazem o comentário final da história.

É claro que essas componentes aristotélicas devem ser consideradas nas suas devidas proporções. Não convém esmagar este singelo relato sob um modelo teórico pesado. O texto, além de ser breve e sintético, não tem nenhuma pretensão literária, e o aristotelismo de sua "poética" não é uma intenção artística dos narradores, mas um saber clássico mínimo e difuso da arte de narrar, uma relativa mas real competência narrativa.

Além da riqueza de seu *mythos* e da habilidade em sua formulação, a narrativa mantém um notável equilíbrio entre o tempo referido e o tempo da narração; para usar a terminologia do formalismo russo, entre a *fábula* (*fable*) e a *trama* (*sujet*). A viagem de ida e a viagem de volta têm praticamente a mesma extensão, a estada entre as duas é mais longa, como convém à quantidade de informações novas que as personagens adquirem nesses seis meses, e que as vão transformar qualitativamente. As informações temporais e espaciais (datas, graus, léguas percorridas) são cuidadosamente fornecidas, e bem inseridas de modo a não prejudicar a narração, que é primordial. Assim, essas informações, que tendem a se tornar aborrecidas nos textos exclusivamente técnicos como os *roteiros*, não atrapalham; pelo contrário, enriquecem a história dando-lhe veracidade.

Quanto aos procedimentos narrativos, a *Relação* também equilibra bem a narração e a descrição, ambas em função dos objetivos do destinatário do relato, o Almirantado de Ruão, que deseja saber o que eles fizeram e o que viram, o que levavam e o que trouxeram.

Depois de um breve preâmbulo (viagem a Lisboa e decisão de armar o navio), segue-se a descrição da carga, no estilo de *lista*, característico tanto da época, ainda muito marcada de traços medievais, como da profissão dos viajantes. Na seqüência "Viagem de ida", predomina naturalmente a narração, e nesta afloram observações que não chegam a configurar verdadeiras descrições, mas se conformam ainda ao estilo de *lista* expeditiva, muito freqüente nas relações coevas ("trocaram com os do navio cuxu, uma espécie de arroz, galinhas pretas e outras vitualhas"), ou ao estilo meramente informativo, visando o entendimento do receptor, auxiliado pela comparação elementar ("viram, tanto de um lado como de outro, peixes-voadores em bandos como fariam em França os estorninhos, com asas como as dos morcegos, e de tamanho próximo ao do arenque branco").

Já tem sido observado que, nos relatos desse tipo e dessa época, a descrição é incipiente com relação à narração, cuja técnica, aprimorada pelas crônicas, é mais familiar aos enunciadores. A descrição constitui um problema novo para os enunciadores: ela se impõe, na medida em que é necessário não apenas narrar os eventos, mas transmitir informações decorrentes da observação de uma realidade inédita; mas, ao mesmo tempo, ela interrompe a narração. Diz, a esse respeito, Roland Le Huenen:

> Os viajantes dos séculos XVI e XVII freqüentemente expedem a descrição, como se desejassem retomar logo o fio cronológico da viagem. É que os primeiros viajantes deixam-se conduzir pela ordem dos eventos, pelo tempo da história, e não assumem verdadeiramente seu papel de narrador, do qual eles não têm, afinal, mais do que uma vaga consciência. Assim o mal-estar permanece enquanto essa tomada de consciência não se realiza, enquanto o viajante/escritor (*scripteur*) não atinge a maestria de sua narração, enquanto não atina com o fato de que o tempo da fábula e o tempo do relato podem e devem ser distinguidos, e que lhe é possível jogar com essa distinção, enquanto ele não percebe que, na descrição, conjugam-se duas instâncias autônomas, a do saber e a da duração.

A grande seqüência qualitativa, "Estada nas Novas Terras das Índias", trará verdadeiras, embora breves, descrições. O início dessa parte mostra um certo embaraço do narrador, que ainda não decidiu da ordem de importância dos dados que vai manipular. Se se tratasse de uma narrativa literária, a terra e a gente descoberta ganhariam de imediato o primeiro plano. Como se trata de um relato de navegador comerciante, é o navio e seu destino que primeiramente o preocupam. A razão da permanência naquela terra não é o interesse pela mesma, mas a necessidade de reparar o navio. O sentido prático prevalece sobre a curiosidade pelo novo.

Mas os carijós entram em cena, e acabam por captar a atenção do protagonista-narrador. Primeiro, as informações parecem querer manter-se sucintas. Passa-se por cima do encontro, que não é narrado mas já apresentado no passado: "conversavam cordialmente com as gentes dali, *depois que* elas foram cativadas pelos cristãos por meio das festas e pequenos presentes que estes lhes faziam". As primeiras informações sobre os índios também se pautam por esse desejo de síntese, indiciado pela sintaxe (coordenação assindética) e pelo tempo verbal utilizado (gerúndio): "sendo os tais Índios gente simples [...]; vivendo da caça e da pesca [...]; indo meio nus [...] homens usando mantos [etc.]".

As informações acerca das vestimentas, por serem abundantes e curiosas, exigem frases autônomas, de sintaxe mais complexa e com o verbo no presente do indicativo: "homens e mulheres se vestem da mesma maneira, exceto que a vestimenta da mulher é mais longa. E usam as fêmeas colares e pulseiras de osso e de conchas; não o homem, que usa, em vez disso, arco e flecha [etc.]". A partir de então, temos pequenas mas precisas descrições dos adereços e penteados e, depois, das habitações, por fora e por dentro.

Depois dessas breves descrições, ressurge a narração, com os índios como personagens: primeiro o episódio do mau filho punido, a título de "exemplo"; em seguida, é Arosca que vem ocupar o primeiro plano. O narrador se deixa dominar pelas lembranças, seu relato passa a conter observações que nenhum interesse teriam para o Almirantado, mas que são importantes para ele. É um pequeno retrato que nos é oferecido: "O dito Arosca tinha, ao que parece, uns sessenta anos, e era viúvo; tinha seis filhos machos de trinta até quinze anos; e vinham, ele e os filhos, freqüentemente ao navio. Homem de postura grave, estatura média, gordinho, de olhar bondoso". A declaração cartorial toma ares de conversa ao pé do fogo.

Mas o narrador logo retoma os interesses do receptor, informando sobre a organização política daquela gente, e seus próprios interesses de comerciante, referindo as vantagens das trocas efetuadas.

Vem em seguida o episódio da chantadura da cruz, e este ocupa uma extensão considerável comparada à de outros episódios. É novamente o tempo da memória que vem sobrepor-se ao ritmo expeditivo da simples declaração. A marca textual dessa memória afetiva é a abundância de qualificativos: "uma grande cruz de madeira [...] *bem pintada*"; "a qual foi plantada [...] em *bela e devota cerimônia*"; "em *dia bem escolhido*"; "e eles se mostravam *alegres*"; "*quietos e muito atentos ao mistério*".

No breve espaço narrativo que se estende da chegada às novas terras, quando só o navio parecia importar, até a partida das mesmas, percebe-se um comprometimento progressivo dos viajantes com a gente da terra, que culmina no compromisso existencial assumido pelo Capitão de Gonneville, ao decidir levar com ele um jovem daquele lugar. A decisão é apresentada como o cumprimento de um mero costume. Entretanto, embarcado o índio, Arosca e seu povo deixam de ser meros objetos de observação, tornam-se pessoas com expectativas e gestos indiciando sentimentos, e o próprio relato, no momento da partida, se tinge de uma discreta emoção.

Entrando na seqüência "Viagem de volta", o relato retoma o tom e o ritmo da primeira parte. Mas a nova e principal personagem da volta, Essomericq, impõe-se com as circunstâncias de sua doença e seu batismo. Para os fins da declaração, bastaria referir o índio trazido, sendo ele a prova viva da viagem e das perdas reclamadas. Mas o índio já se tornou tão importante para Gonneville, que ele dá todos os pormenores do sacramento: refere o oficiante, os padrinhos e o nome dado. Ao incluir esses pormenores na declaração, ele torna oficial o segundo nascimento do índio, registra-o em cartório.

Os novos encontros com índios são brevemente relatados, como convém à brevidade do fato e à pouca empatia dos viajantes com essa gente má. Mas o teor de informação histórica e etnológica dessas curtas frases é denso: sinais de passagens anteriores de europeus, aparência e hábitos dos índios muito bem observados em tão pouco tempo e tão curtas linhas.

O relato do triste episódio em que falece o senhor Le Febvre é, em toda a *Relação*, aquele em que mais diretamente se expressa a ética do narrador, na qualificação expressa dos atos e dos agentes: "tendo *bravamente* descido à terra"; "*traiçoeiramente* atacados"; "e foram esses dois *coitados* perdidos, sem que se pudesse dar-lhes reconforto''; ''*merecedor* de melhor aventura; pois ele era *virtuoso*, *afável* e *sábio*''; ''caso *lamentável*''.

Como sempre, depois dos trechos de narração mais desinteressados, o declarante volta ao concreto de seus interesses mercantis. Não fornece a lista das mercadorias carregadas porque, como diz, esta ''está contida em detalhe'' noutro documento igualmente depositado em juízo.

A travessia do Atlântico é sucintamente relatada, o que é um traço comum de várias relações de viagens, já que a volta é a repetição invertida da ida: ''no percurso, nada viram digno de nota além do que tinham visto na ida''.

E é mais uma vez o estado do navio que vai determinar o destino dos navegadores: ''foram obrigados por tempestade a fazer escala na Irlanda, a fim de tapar alguns buracos do navio''. Nas vizinhanças de Jersey e Guernesey, ocorre o ataque de piratas. O narrador atribui essa desgraça à fatalidade: ''quis a infelicidade que encontrassem um corsário inglês''. Mais do que os outros, os homens do mar se sentem entregues aos caprichos da fortuna. É notável a sobriedade do relato. Tudo indica que a luta foi feroz, e grande a resistência dos normandos. Mas não há qualquer traço de jactância ou de autocomiseração. Apenas os tristes fatos e o registro consciencioso de todos os nomes dos mortos e feridos, com suas proveniências e funções.

Como para desanuviar o final da história, o narrador destaca a recepção feita a Essomericq e os sentimentos reconfortantes dos compatriotas, ''contentes'' e ''pesarosos'' como os próprios navegantes. A última palavra do relato é ''casa'' (*hostel*), com todas as suas conotações de refúgio e de reintegração na sociedade originária. Essa reintegração se realiza no próprio ato de narrar a viagem, agora também concluído.

Como diz João Rocha Pinto:

> Do ponto de vista antropológico, o narrar de uma viagem, por escrito ou meramente oral, é um *rito de passagem*, pelo qual o relator se reintegra na comunidade que deixou ao partir. A sociedade exige esse relato como *rito de margem*, como meio de purificação e de reentrada no seu seio, ao mesmo tempo que o acto de contar a viagem é uma forma de socializar o saber individualmente adquirido. Existe assim uma duplicidade ritual: a viagem em si mesma e a narrativa dessa viagem. Além do mais, narrar é caminhar no sentido da socialização do saber, da fusão do ''eu'' com o ''nós''.

AS PERSONAGENS

A narrativa contém um grande número de personagens, e muitas delas se individualizam e se qualificam, mais do que seria de prever nesse tipo de relato, sobretudo tendo-se em conta sua brevidade.

D'Avezac repertoriou os nomes dos tripulantes, em número de sessenta na partida. É notável que, tendo fornecido esse número no início, o texto nos ofereça, pouco a pouco, todos os nomes dos tripulantes, e estes perfaçam exatamente o número indicado. Essa exatidão se deve tanto à competência matemática do narrador quanto aos laços de solidariedade existentes entre o Capitão e os tripulantes, manifestados em mais de uma ocasião.

A essas sessenta personagens francesas, vêm juntar-se as personagens índias, dentre as quais três são nomeadas: Arosca, Essomericq e Namoa. Uma primeira divisão, opondo franceses e índios, nos revela o óbvio: que os índios, contrariamente aos franceses, individualizam-se pouco, formando, na maior parte do tempo, uma massa indistinta que age em conjunto; conjunto que chega a ser numerosíssimo, como no caso das guerras carijós: quinhentos ou seiscentos. Outros dois índios além dos citados, o mau filho e sua mãe, agem individualmente, mas não se personalizam, são meros exemplos, comprovantes do poder de Arosca sobre seus súditos.

Do ponto de vista da intriga, podemos classificar as personagens da seguinte maneira:

Personagens principais

HERÓIS

O Capitão de Gonneville, cuja função é de chefe e cujas qualidades, implícitas, são a ambição, a coragem, a fé cristã, a habilidade no trato humano, a ponderação em todas as circunstâncias.

Nicole Le Febvre, que, apesar de partir sem função precisa, torna-se um ativo auxiliar do Capitão, ajudando-o com seu saber e seus conselhos. É a personagem mais provida de qualificativos, na *Relação*: "curioso", "o mais sábio do navio", desenhista, astucioso autor do dístico numeral latino, teólogo e oficiante do batismo, "virtuoso", "afável". Apesar de todas as qualidades, Nicole Le Febvre tem um triste fim, o que lhe confere uma aura de mártir.

Essomericq, que tem função e qualidades complexas. Sua função na tribo é de príncipe; para o Capitão, primeiramente sua função é de mera prova da viagem, uma função já consagrada pelo "costume". A partir de seu batismo, ele passa à função de afilhado do Capitão. Suas qualidades, de início, se resumem a jovem e sociável ("o qual se dava bem com os do navio"); o batismo lhe dá uma aura de miraculado. O fato de receber o nome do Capitão lhe confere qualidade de filho e *alter ego*. À chegada, sua qualidade de "personagem de tão longínquo país" dá-lhe o prestígio de raridade.

OPONENTES

Considerando-se como o mal maior a perda do navio, os principais oponentes são Edouard Blunth e Mouris Fortin, piratas. Ambos têm a qualidade de maus, mas o segundo é qualificado como pior ("espinhoso").

Personagens secundárias

ADJUVANTES

Antoine Thiéry e Andrieu de la Mare funcionam em dupla, e são intercambiáveis. Sua função é de co-armadores, comandantes adjuntos e co-padrinhos. Não há nenhum traço que os distinga como pessoas. São "honrados varões" como todos os comerciantes do empreendimento.

Bastião Moura e Diogo Couto também funcionam em dupla. Têm a função de informantes, e esboços de qualidades: ambiciosos e venais ("altos salários"), ficam alegres e preocupados com os sinais do cabo. São os únicos não franceses da tripulação, e um pouco suspeitos pela qualidade de traidores dos seus. Tanto a dupla dos "honrados varões" como a dos pilotos portugueses sobrevivem ao naufrágio.

Outra dupla de adjuvantes: Colin Vasseur, piloto, e Nollet Epeudry, co-piloto. Só têm função, e importantíssima.

Jean Bicherel, cirurgião de bordo. Só tem essa função, e falha lamentavelmente porque, em vez de salvar os outros da febre maligna, morre da mesma.

O senhor Coste, de Harfleur, que é apenas "curioso" e que morre antes de ter tempo de exercer qualquer função. Ele é uma espécie de senhor Le Febvre abortado.

Três militares: Cardot Hescamps, Jean Renoult, Jacques l'Homme. Morrem os três.

Quatro jovens aventureiros: o Senhor Du Mont, o Senhor de la Rivière e o Senhor Du Ham, o Senhor de Bois le Fort. Sobrevivem os quatro. Um Senhor de Sainct-Clerimonies, que devia ser também aventureiro, fica ferido em La Hougue.

Trinta e sete homens do mar, de que nada se sabe além dos nomes e dos locais de origem, mas que ganham honras militares na simples citação.

Um valete do Capitão e três pajens, dos quais dois sobrevivem.

Arosca, que representa toda a massa de adjuvantes carijós. Arosca tem função de adjuvante e de doador (doa o filho). E tem qualidades pessoais. Merece o único retrato (físico e moral) da *Relação*. Seu povo todo constitui os *índios bons*, "gente simples" e cordial.

Namoa, que não tem qualidade expressa a não ser a idade, tem apenas a função de acompanhante de Essomericq. Morre logo, como se fosse supérfluo na história.

OPONENTES

Os tupiniquins de Porto Seguro, *índios maus*, "rudes", "nus", "cruéis comedores de homens". Adversários perigosos porque têm qualidades físicas: "grandes caçadores, pescadores e nadadores". Infligem perdas aos heróis, mas não definitivas.

Os tupinambás de Salvador têm as mesmas qualidades dos tupiniquins, mas sua função de virtuais oponentes é coibida, transformada em função de adjuvantes vigiados.

Como se vê, a breve narrativa da viagem de Gonneville condensa todas as características de uma "boa história", com heróis e vilões, personagens ora nobres, patéticas, virtualmente cômicas, ora cruéis, por selvageria ou por banditismo; paralelismos e oposições de grupos, duplas e indivíduos; lutas, venturas e desventuras; e um final relativamente feliz. Como se diz nesses casos, "daria um bom romance". O que geralmente é falso, e especialmente aqui, porque a graça desse "romance" está em sua qualidade de documento autêntico e em sua forma condensada e eficaz.

GONNEVILLE E CAMINHA

A carta de Pero Vaz de Caminha e a relação do Capitão de Gonneville são os mais antigos documentos sobre o Brasil e sua gente. Apenas três anos separam as duas viagens, e cinco o relato das mesmas.

Os dois documentos apresentam muitas semelhanças, apesar da diversidade de propósito e, por conseguinte, de gênero. O texto de

Caminha é uma carta-diário, que narra dia por dia a extraordinária semana do "achamento" do Brasil. É um texto de autor, assinado por um talentoso escrivão de bordo, cujas qualidades têm sido justamente reconhecidas como as de um verdadeiro escritor. Já a relação de Gonneville é um testemunho burocrático, transcrito por um escrivão de cartório, assinado por três declarantes; portanto, um texto isento de qualquer pretensão estilística.

Seria, entretanto, injusto dizer que a *Relação* é desprovida de estilo e não oferece a possibilidade de uma fruição literária. A história foi bem contada pelos declarantes e bem transcrita pelo escrivão; ela manifesta, se não um talento (o que não era de modo algum pretendido), pelo menos uma competência oral dos declarantes e uma competência escritural do funcionário régio.

Quanto aos objetivos dos dois relatos, eles não são tão diversos como se pode pensar à primeira vista. Embora se trate, num caso, de um empreendimento estatal, e no outro, privado, os relatos dos mesmos são ambos interessados e visam um proveito final de cunho particular: Caminha desejava o perdão de seu genro, degredado em São Tomé; Gonneville e seus sócios pretendiam ser ressarcidos de um prejuízo. Em ambos os casos era necessário convencer e, até certo ponto, agradar. A abundância e precisão dos dados concretos era aí mais importante do que a fabulação, o que distancia os dois relatos de outros, contemporâneos e posteriores, destinados à publicação. O destinatário de Caminha é o próprio Rei, Dom Manuel; o de Gonneville é a "gente do Rei", por detrás da qual se perfila o soberano. Os objetivos de ambos os destinatários era concreto: saber que proveito o Estado poderia tirar do que lhes é contado.

Feitas essas observações preliminares, é preciso definir o *corpus* da comparação. De imediato, há um problema de desproporção diegética entre os dois relatos. O de Gonneville cobre um espaço de tempo muito mais longo do que o de Caminha (dois anos num caso, uma semana, no outro); conseqüentemente, a *Relação* contém acontecimentos e informações que, embora sucintos, são mais numerosos, enquanto a *Carta* mostra as coisas mais de perto e mais detidamente. Caminha não se ocupa da viagem, nem de seus aspectos técnico-marítimos: "De marinhagem e singraduras do caminho não darei aqui conta a Vossa Alteza, porque o não saberei fazer, e os pilotos devem ter esse cuidado". Assim, a notícia da travessia do Atlântico é bem resumida, constituindo apenas um prólogo à verdadeira matéria da carta que é a descrição da gente e da terra. A primeira e a terceira seqüências da relação de Gonneville contêm muitas informações relativas a "marinhagem e singraduras". Mas a seqüência central da mesma se presta perfeitamente ao confronto com a carta de Caminha, tanto pela temática quanto pela extensão e pelo ritmo narrativo.

De fato, dentro da *Relação*, a parte referente à estada na terra dos carijós é a mais extensa e minuciosa. Contém anedotas e pormenores descritivos que não se encontram nas outras partes. É como se, à agradável estada de seis meses no país de Arosca, correspondesse uma narrativa mais lenta, mais detida, mais prazerosa. É essa parte, portanto, que se presta à comparação. A ela devemos acrescentar, por razões evidentes, o início da terceira parte, onde se narram outros encontros com índios. Embora tocada em diversos pontos de seu litoral, a terra descoberta pelos portugueses e pelos normandos é a mesma, e os habitantes semelhantes, pelo menos aos olhos europeus. À essa semelhança óbvia do referente somam-se outras, que passo a analisar.

Caminha tem sido muito louvado por seu "realismo". Diferentemente dos cronistas contemporâneos das Descobertas (Colombo e Vespúcio em particular), o escrivão de Cabral declara, desde o início: "para alindar nem afear, não porei aqui mais do que aquilo que vi e me pareceu". Jaime Cortesão, entre outros, observa a "objetividade, a exatidão, a minúcia diária do testemunho" e a limpeza de seu estilo: "Nada da grandiloqüência delirante de Colombo ou charlatanesca de Vespúcio. A grandeza e a emoção da Carta aumentam com a graça cândida do estilo, limpa do menor artifício".

Sérgio Buarque de Holanda mostrou que essa tendência ao realismo é própria dos relatos marítimos portugueses em geral:

> O gosto da maravilha e do mistério, quase inseparável da literatura de viagens na era dos grandes descobrimentos marítimos, ocupa espaço singularmente reduzido nos escritos quinhentistas dos portugueses sobre o Novo Mundo. Ou porque a longa prática das navegações do Mar Oceano e o assíduo trato das terras e gentes estranhas já tivessem amortecido neles a sensibilidade para o exótico, ou porque o fascínio do Oriente ainda absorvesse em demasia os seus cuidados, sem deixar margem a maiores surpresas, a verdade é que não os inquietam, aqui, os extraordinários portentos, nem a esperança deles. E o próprio sonho de riquezas fabulosas, que no resto do hemisfério há de guiar tantas vezes os passos do conquistador europeu, é em seu caso constan-

temente cerceado por uma noção mais nítida, porventura, das limitações humanas e terrenas.

Caminha é um excelente exemplo disso. Não há, em sua narrativa, seres ou acontecimentos extraordinários, mas, pelo contrário, os homens e as coisas vistas, por mais inéditos que fossem, são aí trazidos a uma plausível e quotidiana existência. O escrivão manifesta um extremo cuidado em só descrever e narrar o que foi experimentado diretamente por seus sentidos. Em seu apego aos dados sensoriais, Caminha é aristotélico. Sobre isso, diz João Rocha Pinto: "Sobretudo a partir de Alberto Magno o aristotelismo ganha maior evidência pela sua maior propensão para o apoio nos sentidos, reforçados pelos nominalistas, o que vai ao encontro das necessidades reais e mentais dos europeus dos Descobrimentos [...] Daí resultou um confessado apego aos dados e categorias sensoriais e sociais da experiência a que os homens dos Descobrimentos se entregaram e, entre eles, Pero Vaz, que nos deu um monumento, verdadeiro 'auto dos sentidos' ".

Dentre os sentidos, impõe-se como prioritária a visão, o que Rocha Pinto explica como "resposta a uma necessidade crescente de se operar com o espaço e em função dele, derivando igualmente da divulgação de novas técnicas e da imprensa, sobretudo". É fácil compreender que navegar e descobrir dependiam particularmente da visão, desde o instrumental marítimo, essencialmente visual (quadrante, astrolábio, bússola), até o acesso a uma nova terra, isto é, um novo espaço a ser dominado.

Além de o narrado passar ao leitor uma impressão de veracidade, pela ausência de dados portentosos, a própria enunciação de Caminha traz as marcas do cuidado em só afirmar aquilo que foi comprovado pela experiência sensorial e de ressalvar a possibilidade de engano. As precauções discursivas do escrivão são notáveis: "segundo meu parecer"; "nós assim o tomamos" etc. E quando se trata de experiências vividas por outros membros da tripulação, fora das suas vistas, ele as narra acrescentando, prudentemente, fórmulas como "segundo disseram" ou "segundo eles diziam".

As afirmações só são feitas, na *Carta*, depois de comprovados os fatos, e numa ordem que acompanha a da própria experiência. Assim, sobre as casas dos índios, há primeiro a suposição de que não existam, porque não são visíveis: "Isto me faz presumir que não têm casas nem moradas a que se acolham"; em seguida, a experiência de outro é reportada tal qual: "Disse que não vira lá entre eles senão umas choupaninhas de rama verde e de fetos muito grandes, como de Entre Douro e Minho''; finalmente, a observação de todo um grupo, que retifica a impressão inicial: ''E segundo eles diziam, foram bem uma légua e meia a uma povoação, em que haveria nove ou dez casas, as quais eram tão compridas, cada uma como esta nau capitânia''. Segue, então, a descrição das casas.

Mais do que veraz, Caminha é preciso. Tem sido observado seu vezo de fornecer números, medidas e proporções. Esse ''prurido da exatidão até o escrúpulo'' foi atribuído, por Jaime Cortesão e antes por Capistrano de Abreu, ao seu ofício anterior de Mestre da Balança da Moeda no Porto.

Ora, a tendência a confiar apenas no experimentado pelos sentidos e a afirmar somente o que foi por eles comprovado é a mesma que verificamos na *Relação* de Gonneville. Também é comum a ambos a predominância da visão sobre os demais sentidos. Em suma, o relato normando é tão ''realista'' quanto o de Caminha. Sua contenção e objetividade apresentam, com relação aos relatos exagerados e fantasiosos de outros cronistas, o mesmo contraste que se estabelece entre estes e a carta do escrivão portuense. A *Relação* não contém nenhum dado prodigioso ou inverossímil. Os índios vistos pelos normandos são homens curiosos mas plausíveis; as plantas e os animais são apenas diferentes das da Europa.

O enunciado dos declarantes normandos contém as mesmas cláusulas de prudência que aparecem em Caminha: ''O dito Arosca tinha, ao que parece, uns sessenta anos''; ''não notaram nenhum sinal particular que distinguisse o dito Rei dos outros''; ''não têm nem Rei nem chefes: pelo menos não viram sinal deles''.

E mais ainda: a *Relação* tem o mesmo ''prurido da exatidão'' notado em Caminha. Os normandos também gostam muito dos números: ''aldeias de trinta, quarenta, cinqüenta ou oitenta cabanas''; ''seu país tinha a extensão de um dia, e era povoado de cerca de uma dúzia de aldeias''; ''levando de quinhentos a seiscentos homens cada vez''; ''quatro homens''; ''dois índios'' etc.

Como interpretar essas semelhanças? Parece-me que tem razão Rocha Pinto quando atribui muitas das características de Caminha ao espírito da época, que ele encarna soberanamente, mais do que a traços individuais: ''a forte ligação que o escrivão tinha com seu tempo e seu meio''. A fiança exclusiva na experiência direta, que transparece tanto em Caminha como em Gonneville, é uma característica do homem da época dos Descobrimentos: ''A necessidade de adequação a um mundo em desestruturação-reestruturação impeliu o homem dos Descobrimentos a uma crença privilegiadora dos dados dos sentidos e do saber advindo da experiência. Como não haveriam de socorrer-se de um referente palpável perante um 'mundo às avessas'?''.

Nem Caminha nem Gonneville têm qualquer inclinação para o sobrenatural, exceto, naturalmente, o sobrenatural por assim dizer socializado da fé cristã. A atração pela magia, que Sérgio Buarque de Holanda aponta como uma característica renascentista, não se manifesta em nenhum deles. A única referência alquimista da *Relação* é tingida de certa ironia, já que se trata da ingenuidade dos índios: ''o que era prometer-lhes tanto como prometer a um cristão ouro, prata e pedrarias, ou ensinar-lhe a pedra filosofal''.

Outro aspecto que tem sido destacado, na carta de Caminha, é a ausência de espanto na descrição do encontro (que deveria ser espantoso) com aquela outra humanidade descoberta no Novo Mundo.

Diz Rocha Pinto: ''Costumam os historiadores e quem se tem ocupado do relato atribuir tal singularidade (a vincada ausência de espanto) à feitura de viagens de pré-descobrimento não registradas mercê da política de sigilo que envolveria a expansão portuguesa''.

O estudioso admite essa explicação, sem muito entusiasmo. A tese de que se sabia mais do Brasil do que se pretendia revelar ao ''descobri-lo'', em razão de viagens portuguesas anteriores (de que há indícios em outros documentos), acha na falta de espanto de Caminha um argumento a mais.

De fato, os índios entram na *Carta* muito naturalmente, sem que o escrivão solte nenhum ''Oh!'': ''Dali avistamos homens que andavam pela praia, obra de sete ou oito [...] Eram pardos, todos nus [etc.]''.

Ora, os índios de Gonneville também entram na história sem nenhum alarde. Tal naturalidade se ajusta bem a outro informe da *Relação*, o de que outros franceses já haviam estado naquela terra. A mesma explicação encontrada para a fleuma de Caminha poderia aplicar-se, portanto, à de Gonneville. Infelizmente, nos dois casos, a prova conclusiva das viagens anteriores continua faltando.

Nos dois casos, a ausência de espanto pode explicar-se mais simplesmente pela informação acerca da experiência de Colombo e outros, que já corria solta nos portos europeus. A isso se acresceria, do lado português, o longo trato com povos diversos, na África e na Ásia, que os predisporia a encarar naturalmente a aparição de outros gentios. Quanto a Gonneville, ele não só sabia que havia índios mas até mesmo que era "costume" levar alguns para a Cristandade.

Comparemos, agora, as experiências com os índios. A primeira impressão dos franceses, como a de Caminha, é favorável. "Esta gente é boa e de boa simplicidade", diz Caminha; "sendo os tais índios gente simples, que não pediam mais do que levar uma vida alegre sem grande trabalho", diz a *Relação*. O julgamento estético também é positivo: "Andavam todos tão dispostos, tão bem-feitos e galantes com suas tinturas, que pareciam bem", diz o português; "E vão as mulheres e as meninas com a cabeça descoberta, tendo os cabelos *gentilmente* trançados com cordéis de ervas tingidas de cores vivas e brilhantes. Quanto aos homens, usam longos cabelos soltos, com um círculo de plumas altas, de cores vivas e *bem dispostas*", observam os normandos. Note-se, de passagem, que nesse trecho a *Relação* de Gonneville apresenta uma originalidade: a descrição começa pelas mulheres, quando o comum, nos textos congêneres, é começar pelo homem.

Homens e mulheres parecem bondosos e bonitos, e a primeira impressão vai manter-se na *Carta* toda, como na *Relação*, no que tange aos carijós. A opinião favorável a respeito dos índios é característica desse primeiro momento do encontro dos europeus com os americanos. Colombo e Vespúcio (primeiras impressões) dão descrições idílicas dos selvagens encontrados, comparam-nos com Adão antes do pecado ou com os felizes e harmoniosos homens da mítica Idade de Ouro primitiva. O índio ainda não é, então, o inimigo a vencer, o escravo a subjugar, o empecilho a eliminar. Esse primeiríssimo momento, quase destituído de agressividade, é uma espécie de breve suspensão da História, que logo vai seguir seu curso de violência e furor.

Mas nem Caminha nem Gonneville idealizam o selvagem. Para eles, o índio simplesmente está ali, e "parece bem". Eles são saudáveis e galantes, mas não são perfeitos, gigantescos nem matusaléns, como por vezes são nos outros cronistas. "A feição deles é serem pardos, maneira de avermelhados, de bons rostos e bons narizes", descreve Caminha. E o pequeno retrato de Arosca traçado por Gonneville tem traços realistas: "estatura média, gordinho". O mito do paraíso terrestre, levemente evocado por Caminha ("a inocência desta gente é tal que a de Adão não seria maior"), está totalmente ausente da *Relação*.

A boa opinião que Caminha e Gonneville têm dos índios inclina-nos a ter uma boa opinião sobre eles próprios, europeus abertos e generosos, que em nenhum momento usam de violência contra os nativos e, pelo contrário, convivem cordialmente com eles. Mas é evidente que não devemos idealizar demasiado o humanismo de ambos. "Sondagem prévia da real força do ameríndio e não um excessivo zelo humanístico", diz Rocha Pinto dos homens de Cabral, de que Caminha é o porta-voz. Não um "conhecimento real", mas a construção de uma imagem do índio que se pauta por "uma certa inocuidade".

Jaime Cortesão entusiasmou-se demasiadamente com a "alta humanidade e o respeito cívico da liberdade alheia" manifestados na *Carta*. O que é comentado por outro grande historiador português, Duarte Leite: "Com vênia pelo dizer faceto, isto é ver mosquitos na lua". Cortesão se baseia na expressão usada por Caminha: "sem lhes dar mais opressão"; Duarte Leite observa que *opressão* quer aí dizer simplesmente "constrangimento".

De fato, a benevolência de Caminha, que chega a ser encantamento, sobretudo com as índias, não é evidentemente uma entrega, mas apenas um assentimento paternalista de que não estão ausentes as segundas intenções. Os índios têm boa índole, isto é, são dóceis, capazes de serem transformados naquilo que os europeus quiserem: "imprimir-se-á ligeiramente neles qualquer cunho que lhes quiserem dar". E num passo bem conhecido da *Carta*, ele revela seu desprezo: "do que tiro ser gente bestial, de pouco saber e por isso tão esquiva [...] como aves ou alimárias monteses".

Quanto à desigualdade na relação dos europeus com os índios, Caminha é bastante lúcido: "Andavam já mais mansos e seguros entre nós do que nós andávamos entre eles"; "são muito mais nossos amigos do que nós seus".

Os normandos do *L'Espoir* tiveram a ocasião de tratar com dois tipos de índios: os carijós, gente cordial, semivestida e não-canibal, e os tupiniquins/tupinambás, gente feroz, nua e antropófaga. Puderam assim classificar os índios em duas categorias, conforme à grande divisão cristã do Bem e do Mal. A verificação de que existem índios bons e índios maus acaba por ser mais uma garantia de realidade, na visão dos normandos; "como em qualquer grupo humano", é a conclusão implícita. Como na Europa ou em qualquer lugar, há bons encontros e maus encontros.

No que se refere aos carijós, as considerações de Gonneville são semelhantes às de Caminha, caracterizam-se por uma benevolência paternalista. Não é manifestado qualquer desprezo por eles, mas transparece sempre, na *Relação*, a plena consciência da superioridade dos cristãos: "esses pobres índios".

Superioridade de que se tira imediato proveito. Na *Carta*, e ainda mais na *Relação*, são referidas as trocas vantajosas que se podem fazer com os índios. Caminha: "Traziam cabaços de água e tomavam alguns barris que nós levávamos; enchiam-nos de água e traziam-nos aos batéis [...] E a uns dava um cascavel, a outros uma manilha, de maneira que com aquele *engodo* quase nos queriam dar a mão"; "Eles ofereciam desses arcos com suas setas por sombreiros e carapuças de linho ou por *qualquer coisa* que lhes dávamos"; "Ali davam alguns arcos por folhas de papel ou por alguma carapuchinha vermelha ou *qualquer coisa*"; "Resgatavam lá por cascavéis ou por *outras coisinhas de pouco valor*, que levavam, papagaios vermelhos, muito grandes e formosos [etc.]; "Traziam alguns deles arcos e setas, que todos trocaram por carapuças ou por *qualquer coisa* que lhes davam" (grifo meu). Gonneville:

> [...] pelo amor de algumas pequenas liberalidades que lhes faziam, pentes, facas, machados, espelhos, miçangas e outras bugigangas, tão amadas que *por elas se deixariam esquartejar*, e lhes traziam abundância de carne e peixes, frutas e víveres, e tudo o que eles viam ser agradável aos cristãos, como peles, plumagens e raízes para tingir; em troca do que lhes eram dadas *quinquilharias e outras coisas de baixo preço*; [...] e quanto à populaça, não houve ninguém a quem não se fizesse algum dom de *bugigangas baratas*, mas por eles prezadas [grifo meu].

Os índios são facilmente cativados e facilmente enganados. Atraem-nos como animais silvestres. Caminha: "Homem não lhes ousa falar de rijo para não se esquivarem mais; e tudo se passa como eles querem, para os bem amansar". Gonneville: "depois que elas foram cativadas (*apprivoisées*) pelos cristãos por meio das festas (*chères*) e pequenos presentes".

E depois os enganam. Gonneville: "tanto se fez, com tal gentileza, que o dito chefe Arosca consentiu que um de seus filhos [...] viesse à Cristandade [...] faziam-no crer que, àqueles que viessem do lado de cá, ensinariam a artilharia".

Tanto os portugueses da esquadra cabralina como os normandos do *L'Espoir* são extremamente corteses com os índios. É fartamente conhecida e admirada a extravagante recepção preparada por Cabral aos índios que vieram ao navio; e as acolhidas seguintes sempre ocorreram com a maior civilidade. Os normandos não são menos educados. Também recebem os chefes carijós na nau e, quando se recusam a acompanhá-los nas excursões guerreiras, tomam o cuidado de se escusarem. Essas trocas de etiquetas, que vemos hoje com um sorriso, pela incongruência que elas manifestam, tendo-se em conta as incomensuráveis diferenças dos códigos comportamentais dos dois grupos, eram hábeis condutas, recomendadas pelas instruções levadas por Cabral para o trato com os orientais; aconselhada pelos informantes portugueses ou ditada pelo simples bom senso, essa é igualmente a conduta adotada pelos normandos, para manter as boas graças dos hospedeiros. A ausência de violência, já referida, é o corolário desse comportamento. Nem os portugueses nem os franceses lançam mão de sua esmagadora superioridade em termos de armamentos; na verdade, não foi necessário. A única violência praticada por Gonneville é a captura de dois canibais, para os levar à França; mas a fuga dos mesmos é aceita sem resistência, e até mesmo com certa bonomia.

De tudo isso se afere que o qualificativo *simples*, usado tanto por Caminha como por Gonneville para definir essa gente é, ao mesmo tempo, gentil e depreciativo. Simples quer aí dizer "simplório", e portanto facilmente dominável.

Se não devemos, pois, idealizar demasiado as atitudes simpáticas de Caminha ou de Gonneville, também não devemos incorrer no oposto, isto é, a fácil, anacrônica e demagógica condenação de suas mentalidades "etnocêntricas" e "colonialistas". Dentro da "consciência possível" de seu tempo, e comparados a outros cronistas do Descobrimento, Caminha e Gonneville são de fato, para nossos valores de hoje, simpáticos. Ambos manifestam uma grande abertura na observação do Outro, que lhes interessa para além das intenções práticas; eles o olham com toda a objetividade possível, sem o sobrecarregar com demasiados julgamentos ou interpretações. Pelo fato de se fiarem nos sentidos e pela prudência nas afirmações, eles nos apresentam índios "humanos", e não imagens de índios conformes à iconologia medieval dos monstros e portentos ou à iconologia renascentista da Idade do Ouro.

Essa abertura à alteridade tem, evidentemente, seus limites. Pretender que Caminha ou Gonneville viram o Novo Mundo e seus habitantes com um puro olhar, desprovido de preconceitos, seria uma ingenuidade. Leia-se, a esse respeito, o que diz Roland Le Huenen:

> O relato, mesmo de boa-fé, não poderia ser inocente, não saberia ter a neutralidade e a transparência com que desejamos idealmente dotá-lo. Ele é uma construção, o resultado de um trabalho onde se investem de maneira global os valores preexistentes, culturais e ideológicos, que determinam necessariamente toda apreensão do real. Pois pri-

> meiramente o olhar maravilhado do viajante não é um olhar ingênuo; ele permanece assombrado pelas paisagens e imagens previamente conhecidas, perturbado pelo jogo dos hábitos. Pois além disso a transformação em texto é tributária dos constrangimentos da língua e do discurso, das exigências do léxico e do estilo, da ordem da sintaxe e das regras da argumentação. De onde o duplo movimento contraditório que preside à escrita da viagem: uma abertura para o real, para a novidade (o Novo Mundo, a Nova França, a Nova Espanha) que constitui o princípio motor da viagem; uma apropriação do real por via analógica (no Novo Mundo reencontra-se o Mundo, entende-se o antigo, na Nova França há a França etc...) [...] Ao choque da descoberta responde o gesto assimilador, pelo qual o discurso se apodera do real e o reconstrói segundo um amálgama de elementos familiares.

Caminha diz que os índios moram numas choupaninhas "como de Entre Douro e Minho"; Gonneville verifica que as portas se fecham com tramelas como as dos estábulos na Normandia. As semelhanças encontradas, no seio da mais espantosa alteridade, os reconforta, e ao mesmo tempo confirma a sua superioridade sobre aqueles povos, que não têm templos nem palácios, mas apenas choupaninhas e "estábulos". Caminha faz comentários sobre a descortesia dos índios, Gonneville se apieda de sua simplicidade ou atribui-lhes comportamentos regidos por seu próprio código ético. Tudo isso é inevitável, e apontá-lo com intenções de "crítica ideológica" é quase uma covardia, pela evidência com que hoje isso nos aparece. Mas reconhecer que, dentro das circunstâncias que eram as suas, Caminha e Gonneville viram com menos preconceitos e delírios do que muitos de seus contemporâneos é uma justiça que lhes devemos.

Nos dois relatos, a mesma cena é descrita: a da chantadura da cruz. A comparação dessas descrições nos permite fazer outras observações. Bons católicos, portugueses e normandos marcam sua passagem com a ereção do símbolo máximo de sua religião.

A cerimônia é quase idêntica, nos dois relatos. Diz Caminha:

> E hoje, que é sexta-feira, primeiro de Maio, pela manhã, saímos em terra com nossa bandeira; e fomos desembarcar acima do rio contra o sul, onde nos pareceu que seria melhor chantar a cruz, para melhor ser vista. Ali assinalou o capitão o lugar, onde fizessem a cova para a chantar.

> Enquanto a ficaram fazendo, ele com todos nós outros fomos pela cruz abaixo do rio, onde ela estava. Dali a trouxemos com esses religiosos e sacerdotes diante cantando, em maneira de procissão.
>
> Eram já aí alguns deles, obra de setenta ou oitenta; e, quando nos viram assim vir, alguns se foram meter debaixo dela, para nos ajudar. Passamos o rio, ao longo da praia, e fomo-la pôr onde havia de ficar, que será do rio obra de dois tiros de besta. Andando-se ali nisto, vieram bem cento e cinqüenta ou mais.
>
> Chantada a cruz, com as armas e a divisa de Vossa Alteza, que primeiramente lhes pregaram, armaram altar ao pé dela. Ali disse missa o padre Frei Henrique, a qual foi cantada e oficiada por esses já ditos. Ali estiveram conosco a ela obra de cinqüenta ou sessenta deles, assentados todos de joelhos, assim como nós.
>
> E quando veio ao Evangelho, que nos erguemos todos em pé, com as mãos levantadas, eles se levantaram conosco e alçaram as mãos, ficando assim, até ser acabado; e então tornaram-se a assentar como nós. E quando levantaram a Deus, que nos pusemos de joelhos, eles se puseram assim todos, como nós estávamos com as mãos levantadas, e em tal maneira sossegados, que certifico a Vossa Alteza nos fez muita devoção.
>
> Estiveram assim conosco até acabada a comunhão, depois da qual comungaram esses religiosos e sacerdotes e o capitão com alguns de nós outros.
>
> Alguns deles, por o sol ser grande, quando estávamos comungando, levantaram-se, e outros estiveram e ficaram. Um deles, homem de cinqüenta ou cinqüenta e cinco anos, continuou ali com aqueles que ficaram. Esse, estando nós assim, ajuntava estes, que ali ficaram, e ainda chamava outros. E andando assim entre eles falando, lhes acenou com o dedo para o altar e depois apontou o dedo para o Céu, como se lhes dissesse alguma coisa de bem; e nós assim o tomamos.

Compare-se com o trecho em que Gonneville descreve a chantadura da cruz. A cerimônia portuguesa é mais solene, pelo fato de haver padres na tripulação. Nos dois casos, porém, além das semelhanças óbvias decorrentes do rito católico, ressalta-se a participação dos índios. Se, em nenhum dos casos, a cruz foi chantada *para eles*, mas para marcar a presença dos cristãos, é extraordinário como a cena é descrita *em função deles*. Na descrição de Caminha, é tal a atenção concedida a cada gesto dos índios que temos a impressão de o escrivão não se ter concentrado nem um minuto na missa e nas orações, mas ter ficado de olho nos "neófitos". Gonneville também não os perdeu de vista. E ambos notam (ou querem notar) a mesma atitude dos índios: *participativa* ("alguns se foram meter debaixo dela, para nos ajudar"; "e ajudavam-nos o dito chefe Arosca e seus filhos e outros índios notáveis''), *atenta* (''eles se puseram assim todos, como nós estávamos com as mãos levantadas, e em tal maneira sossegados, que certifico a Vossa Alteza nos fez muita devoção''; ''quietos e muito atentos ao mistério'') e *prosélita* (o índio mais velho, de Caminha, mostra que entendeu apontando o céu, e os índios de Gonneville ''davam a entender que conservariam bem a cruz; fazendo o sinal dela com dois dedos cruzados'').

A semelhança das cerimônias se deve, obviamente, ao ritual católico e aos costumes europeus da época. Mas as semelhanças no modo de descrever o comportamento dos índios, durante a cerimônia, indiciam posturas análogas dos narradores. Podemos comparar os relatos de Gonneville e de Caminha com o trecho em que Cartier narra a mesma cerimônia, no Canadá: ''E plantamos aquela cruz na dita ponta, diante deles, que nos olhavam fazê-la e plantá-la. E depois que ela foi elevada ao ar, pusemo-nos todos de joelhos com as mãos juntas, adorando-a diante deles, e lhes fizemos sinal, olhando e lhes mostrando o céu, que dela vinha nossa redenção, o que os fez demonstrar grande espanto, girando em torno da cruz e a olhando''.

E, durante a viagem de 1535, a leitura ''palavra por palavra'' da paixão de Cristo, feita pelo Capitão aos índios: ''Assim todos os assistentes puderam ouvi-la, e todo esse pobre povo fez um grande silêncio, e foram maravilhosamente compreensivos, olhando o céu e fazendo cerimônias iguais às que nos viam fazer''.

É, portanto, um *topos* essa atitude semelhante, em povos tão diversos como os índios brasileiros e canadenses, e ademais de diferentes tribos. Esses relatos nos informam mais sobre os observadores do que sobre os observados. O modo de descrever os gestos dos índios nos revela os desejos dos europeus, a quem interessa que os índios tenham predisposições para abraçar a fé cristã. Assim, o que poderia ser simples espanto ou mimetismo gestual elementar (que ocorre também fora das cerimônias religiosas) é notado e anotado pelo europeu como sinal de religiosidade. Como observa Marie Christine Gomez-Géraud: ''A descrição do gesto do índio pode pois ter intenções etnográficas, mas seus fundamentos são ideológicos, já que não se trata tanto de reproduzir o gesto quanto de produzir gestos. Inventar um índio capaz de servir e de auxiliar aos projetos de conquista e de estabelecimento, eis o que está primordialmente em jogo na percepção do gesto selvagem''.

Nos relatos que nos ocupam, tudo se passa, pois, da melhor maneira, fazendo augurar uma cristianização imediata dos gentios.

Mas nem Caminha nem Gonneville confiam demasiadamente na força exclusiva da graça. Ao narrar, em trecho anterior, a fabricação da cruz, Caminha observa, sem ilusões, que esta interessa menos aos índios que os machados: "E creio que o faziam mais por verem a ferramenta de ferro com que a faziam, do que por verem a cruz". E a nascente fé dos índios é reforçada com presentes bem concretos: Cabral leva a bordo o índio "que fez aos outros aquela mostrança para o altar e para o Céu", e um irmão deste; "fez-lhe muita honra e deu-lhe uma camisa mourisca e ao outro uma camisa destoutras". Quanto ao piedoso gesto do índio, Caminha é prudente: "e nós assim o tomamos".

Gonneville também acredita na força persuasiva dos presentes. Quanto ao gesto dos carijós, ele não tece comentários; mas conhecendo-se, pelo restante da *Relação*, seu cauteloso bom senso, somos inclinados a crer que ele não deu a esse gesto um significado de fé, mas apenas de cordialidade.

Portugueses e normandos não duvidam de que os índios tenham almas, e desejam salvá-las, batizando-os. Mas Caminha quer batizá-los por atacado, enquanto Gonneville só se coloca o problema diante de um caso particular. Na *Carta* é expressa a pretensão a uma grande missão evangelizadora que seria a principal tarefa do povo português. Os normandos não manifestam qualquer preocupação evangelizadora maior; em terra, limitam-se a breves instruções sobre o respeito devido à cruz; a bordo, batizam in extremis um índio particular, e fazem-no em função de um caso de consciência individual.

Uma diferença aparentemente pequena, mas muito significativa, é a que existe entre as inscrições que os portugueses e os normandos apõem a suas cruzes. A cruz portuguesa traz pregadas "as armas e a divisa" do Rei. Diz, a esse respeito, J. F. de Almeida Prado:

> Divulgava o Rei os feitos de seus navegadores *urbi et orbi*, principalmente aos vizinhos espanhóis, por causa dos ajustes de Tordesilhas, em que era preciso indicar onde tais terras se situavam na demarcação deste ou daquele soberano. Em obediência a tal princípio deixou Cabral antes de partir de Porto Seguro uma grande cruz de madeira com inscrições, segundo reza o Piloto Anônimo, à guisa de tomada de posse por Portugal. Na falta de padrões de pedra de Lioz (localidade não muito distante de Lisboa) obrigatoriamente presentes no porão das naus descobridoras, recorrera o comandante da empresa tão-só comer-

cial ao sucedâneo, enquanto outra expedição não trouxesse os marcos de costume.

A cruz de Gonneville parece ter menores pretensões; destina-se a mostrar não que a terra já tinha dono, mas apenas "que ali haviam chegado cristãos". A inscrição é muito mais sofisticada, com seu dístico numeral qualificado de "gentil", e portanto de comunicação menos direta e eficiente. Como já se viu (no Capítulo 2), o nome do Papa, do Rei e do Almirante aí figuram como homenagens e sinal de obediência. Também vimos as significativas diferenças com relação às cruzes de Cartier no Canadá.

Os normandos vieram por conta própria, e não em missão oficial, como Cabral. A inscrição propriamente dita, reunindo os descobridores e os descobertos, é mais um contrato de associação do que uma imposição daqueles sobre estes. Gonneville pretendia apenas garantir suas boas relações com os carijós e assegurar futuras trocas; nada indica que ele tivesse projetos maiores com respeito à terra. Fica desde então configurada a diferença fundamental das pretensões portuguesas e francesas, nesse primeiro momento da Descoberta. Embora ambas as expedições tivessem objetivos comerciais, a exploração da terra e a colonização estavam nos planos portugueses, pelo menos virtualmente; os franceses, naquele momento, queriam apenas um "balcão" nas novas terras, e o direito de aí traficar. O ato português tem um sentido religioso e político, já definido pelas conquistas anteriores; o ato francês tem um sentido religioso e comercial de ordem privada, ainda fora de qualquer desígnio nacional.

Outro índice dessa diferença de projeto é dado pela presença, na esquadra de Cabral, dos degredados que servem de carne de canhão, que são mandados à frente em todas as investidas arriscadas e, finalmente, abandonados na terra para aprenderem a língua e costumes dos habitantes. A tripulação normanda é mais homogênea e unida. Na inscrição da cruz figuram os nomes de todos, do maior até o menor. Só vai à terra quem quer, e ninguém é obrigado a ficar. Mais tarde outros franceses, com objetivos mais amplos do que os de Gonneville, veriam a conveniência de disporem de turgimões.

Gonneville leva índios porque seus interesses estão na França, onde ele os quer exibir. Por outro lado, não parece interessado em saber mais da terra do que aquilo que viu. Contrariamente aos portugueses e espanhóis, esses franceses não buscam ouro nem outros metais e pedras preciosas; o pau-brasil e outras madeiras, os papagaios e os objetos curiosos são mercadorias suficientes para os seus negócios.

Os portugueses, que já contam com experiências anteriores, e desejam tirar maiores proveitos da terra descoberta, não levam homens; acham melhor deixar alguns: "Sobre isso acordaram que não era necessário tomar por força homens, porque era geral costume dos que assim levavam por força para alguma parte dizerem que há ali de tudo quanto lhes perguntam; e que melhor e muito melhor informação da terra dariam dois homens destes degredados que aqui deixassem, do que eles dariam se os levassem, por ser gente que ninguém entende". A comunicação lingüística é para eles fundamental, como demonstra o episódio do índio que falava "sem nunca ninguém o entender, nem ele a nós quantas coisas lhe demandávamos acerca de ouro, que nós desejávamos saber se na terra havia".

Entretanto, o trecho da *Carta* acima citado mostra bem que o interesse maior dos portugueses era a terra, sendo a fascinação pelos índios um traço particular do escrivão, enquanto os comerciantes normandos estão mais interessados em seus sócios carijós, da terra só lhes interessando o que estes podem trazer-lhes até o navio.

Tendo convivido mais tempo com os índios, Gonneville viu mais coisas do que Caminha: a organização política dos carijós e suas guerras com outras tribos, sua maneira de viver em geral. Esse interesse dos franceses em conhecer bem seus parceiros comerciais e em manter as boas graças dos mesmos, sem interferir demasiadamente na vida deles nem demonstrar intenções de se instalar em suas terras, é, provavelmente, a razão principal da maior simpatia dos índios por eles, em detrimento dos portugueses, registrada em vários documentos posteriores, e interpretada apressadamente por certos historiadores franceses do passado como uma prova da superioridade da colonização gaulesa.

A descrição dos tupiniquins/tupinambás pelos declarantes normandos, embora menos artística, é análoga à de Caminha, registrando a nudez, a pintura corporal, o uso do botoque, as cicatrizes, o corte do cabelo e as armas rudimentares.

Essas descrições de índios por Caminha e Gonneville são precisas e, por isso, valiosas. Considerá-las como textos de etnólogos é, no entanto, excessivo. Ambos procedem segundo o costume de seu tempo, dentro de um gênero já codificado na literatura de viagem, a descrição de povos com suas roupas, suas armas e adereços, distinguindo cuidadosamente o homem e a mulher. Na falta de roupas, atentam para a pintura corporal; dão grande relevo ao que levam na cabeça, à guisa de chapéu ou coroa; comparam com outros povos conhecidos (Caminha compara o tupinambá com o negro de Guiné; Gonneville compara os carijós com os egípcios e os boêmios). O português e o normando não têm qualquer pretensão de estudar os índios por eles mesmos; limitam-se a olhá-los, com toda a curiosidade que é a de seu tempo, atentos à "perpétua variedade das formas de nossa natureza" (Montaigne). E, ao mesmo tempo, examinam-nos atentamente para avaliar suas possibilidades de serem adversários, parceiros ou subordinados. Conhecer aquela gente é questão de sobrevivência, como o comprovam as experiências dos normandos com os tupiniquins e tupinambás, e condição de negócios futuros. Mas seria o caso de se perguntar se o etnólogo, ou qualquer homem, observa o outro "por ele mesmo", e se isso é possível.

A diferença entre a descrição desses descobridores e a do etnólogo moderno está apenas no fato de que este conhece as limitações de sua representação do outro, enquanto aqueles homens do século XVI estavam convictos do valor universal de sua visão. Não lhes ocorria, nem poderia ocorrer-lhes, que ser cristão não fosse uma superioridade, ou que andar vestido não fosse uma necessidade, e que, portanto, oferecer essas vantagens aos índios não fosse uma boa ação.

Tem sido notado que as observações de Caminha sobre os índios são muito mais numerosas do que suas informações sobre a terra. O mesmo ocorre na *Relação* de Gonneville. Primeiramente, devemos lembrar que a descrição de uma terra *in natura*, desprovida de sinais humanos habituais, oferecia uma grande dificuldade aos escritores da época. Sua maneira habitual de descrever paisagens, forjada em função do Velho Mundo, mostrava-se inadequada para aquelas extensões virgens e nuas. Também em virtude dos objetivos comerciais imediatos, a terra atrai inicialmente menos do que as gentes. Observadas as diferenças de projeto explorador, cabe notar, entretanto, que o pouco que dizem os dois documentos sobre a terra é absolutamente coincidente. Diz Caminha: "Pelo sertão nos pareceu, vista do mar, muito grande [...] a terra em si é de muitos bons ares, assim frios e temperados [...] Águas são muitas: infindas. E em tal maneira é graciosa que, querendo-a aproveitar, dar-se-á nela tudo, por bem das águas que tem [...] segundo os arvoredos são mui muitos e grandes, e de infindas maneiras, não duvido que por esse sertão haja muitas aves!".

Diz Gonneville: "E no dia cinco de janeiro descobriram uma grande terra [...] o país é fértil, provido de muitos animais, pássaros, peixes, árvores [...] um belo país, de bom ar, terra fértil em frutas, pássaros e animais".

Sérgio Buarque de Holanda comenta a referência comum ao "bom ar", importante para os navegadores porque o ar da terra é salutar, mas principalmente associada à noção de clima temperado e fresco. A abundância e variedade de aves é motivo da admiração, estética e comercial, de todos os "descobridores" do Brasil. A referência de Caminha a possibilidades agrícolas (o que não existe em Gonneville) anuncia, desde aquele instante, a diversidade futura dos projetos. Também é significativo, como pretensão à posse da terra, o fato de que os portugueses lhe dão um nome (Vera Cruz), enquanto os normandos mantêm os nomes genéricos de Índias Meridionais e Índias Ocidentais.

Todas as semelhanças apontadas entre os dois primeiros testemunhos sobre o Brasil e sua gente se devem a coincidências ideológicas que, para além das diferenças étnicas, caracterizavam esse primeiro momento de contacto com o Novo Mundo. Em que pese a diferença de projeto das duas expedições, Caminha e Gonneville se irmanam na ideologia mercantil que é a de ambos. Caminha exprime os objetivos portugueses de comércio em grande escala, que norteavam a empresa cabralina. Gonneville e seus sócios manifestam as preocupações de comerciantes particulares, *free lancers* cujos negócios, comparados aos da Coroa portuguesa, eram pequeno varejo. Como diz Sérgio Buarque de Holanda, o rei português era "o primeiro negociante do país". Mas, nos dois casos, é a mentalidade mercantil que os guia.

Assim, a objetividade, o bom senso, a fiança na experiência, o amor aos números precisos, a ausência de referências livrescas e eruditas, que se notam nos dois documentos, são qualidades de comerciantes, homens práticos e chegados ao concreto. Da mesma forma, a cordialidade para com os parceiros é um dos princípios básicos do tráfico.

Cabral levava instruções precisas sobre o trato com os nativos, que devia ser o mais suave possível. Como diz João Rocha Pinto, "os componentes da esquadra poderosa de Cabral tudo fizeram para não desencadear as hostilidades" e evitar tensões. "Aceitando esse raciocínio", diz o historiador português, "mais se desvenda a estratégia portuguesa e a de Caminha em particular".

Sérgio Buarque de Holanda refere o *Livro das cidades e fortalezas da Índia*, de 1582, em que se expõem "os motivos que tinham levado el-rei D. Manuel a adotar no Oriente os métodos que dessem lucros maiores com menores dispêndios''. Assim diz o autor do *Livro* que os portugueses entraram na Índia ''com tenção de paz e não de guerra, acerca dos Príncipes e povos daquelas partes, significando-lhes que deles não pretendiam mais interesse que amizade e comunicação de comércio''; entendia o Rei ''que este nome de comércio e trato era o melhor e mais suave modo com que, sem escândalo nem alvoroço daqueles povos orientais, poderíamos entrar naquelas partes e ser melhor recebidos''. As disposições relativas ao trato com os orientais foram aplicadas, em suas linhas gerais, no trato com os outros nativos, que Cabral encontrou em sua escala ocidental e talvez acidental.

Por isso, mais do que a ''insondáveis razões étnicas'', Sérgio Buarque de Holanda atribui a essa mentalidade mercantil portuguesa as diferenças de comportamento entre portugueses e espanhóis na primeira fase da descoberta do Novo Mundo. Enquanto a ''obra ultramarina (portuguesa) é eminentemente tradicionalista'', a grande novidade da expansão castelhana é seu ''cunho nitidamente imperial''. ''A atividade ultramarina desenvolvida pela monarquia portuguesa'', diz o historiador, ''tem acentuado cunho mercantil''; nessa primeira fase, o domínio almejado sobre a nova terra ''cifrava-se em regra ao estrito necessário para o exercício livre da atividade comercial ou predatória''. Por partilharem a mesma ideologia mercantil, o português e o normando se assemelham, nesse momento, mais do que ambos aos espanhóis.

O resultado, para os índios, acabou infelizmente por ser o mesmo. Diz Rocha Pinto: ''Nós iríamos por caminhos mais brandos mas também chegaríamos, embora mais tardiamente, a contribuir para a brutal baixa demográfica que a população ameraba sofreu''. A tendência é, pois, atualmente, a de despojar a leitura da carta de Caminha de certas ilusões patrióticas que a fizeram ler como ''o auto do descobrimento do Brasil, e da sua posse em nome de Cristo, pela Coroa portuguesa'' (Jaime Cortesão); e de apreciar esse texto e seu autor na justa medida de suas indiscutíveis qualidades literárias e humanas, sem exaltar demasiadamente sua generosidade, mas sem menosprezar, em contrapartida, os desígnios religiosos de Caminha e seu rei, reduzindo tudo a meros objetivos econômicos.

A prudência e a cortesia de Gonneville e seus companheiros também se explicam pelos objetivos de sua expedição comercial, sem perder por isso seu valor humanístico. Mesmo sem apelar para o extratextual, isto é, o comportamento futuro do Capitão com relação a Essomericq, é forçoso reconhecer que os normandos do *L'Espoir* tocaram com delicadeza a terra e a gente brasileira, e souberam descrevê-la com justeza.

Uma última coincidência aproxima a *Carta* de Caminha da *Relação* de Gonneville. Ambos os documentos andaram perdidos durante três séculos. A *Carta* ficou oculta, na Torre do Tombo, até ser parcialmente revelada, no século XVIII, pelo historiador espanhol Juan Bautista Muñoz; só foi publicada na íntegra em 1817, pelo Padre Manuel Aires de Casal. A *Relação* de Gonneville, como já se viu, foi parcialmente editada no século XVII, na obra de Jean Paulmier de Courtonne, novamente perdida de vista por dois séculos e finalmente editada na íntegra por d'Avezac em 1869. O eclipse dos dois documentos, por tão longo período, deveu-se, além dos azares burocráticos, ao segredo de que se cercavam as viagens de descoberta. E, quando ambos vieram à luz, revelaram coincidências que comprovam tanto a veracidade de suas observações, quanto a acuidade desses longínquos olhares lançados sobre a terra brasileira.

FONTES BIBLIOGRÁFICAS

CARACTERÍSTICAS GERAIS DA "RELAÇÃO"
A "RELAÇÃO" ENQUANTO NARRATIVA
AS PERSONAGENS

Na vastíssima bibliografia relativa às viagens de descoberta, existem poucos estudos sistemáticos visando a classificação e a tipologia de seus relatos. Foram-me úteis, para os objetivos restritos deste: Geoffroy Atkinson, *Nouveaux horizons de la Renaissance française,* Paris, Droz, 1935 (contém um repertório bibliográfico da literatura geográfica francesa do Renascimento); *Littérales* nº 7 (*Les modèles du récit de voyage*), Centre de Recherches du Départment de Français de Paris X, Naterre, 1990; J. P. Duviols, *Voyageurs français en Amérique — Colonies espagnoles et portugaises,* Paris, Bordas, 1978 (contém uma bibliografia analítica e crítica); Joaquim Barradas de Carvalho, "A literatura Portuguesa de Viagens (séculos XV, XVI e XVII)", *Revista de História* nº 81, São Paulo, 1970; idem, *A la recherche de la spécificité de la renaissance portugaise,* Paris, Fundação Calouste Gulbenkian, 1983 (v. I, pp. 273-398); João Rocha Pinto, *A viagem — Memória e espaço* (*A literatura portuguesa de viagens — Os primitivos relatos de viagem ao Índico — 1497-1500*), Lisboa, Sá da Costa, 1989; Walter Mignolo, "Cartas, crónicas y relaciones del descubrimiento y la conquista", in *Historia de la literatura hispanoamericana,* Madrid, Cátedra, 1982, v. I, pp. 57-111.

Sobre literatura e oralidade, remeto o leitor aos estudos fundamentais de Paul Zumthor, em especial *La lettre et la voix*, Paris, Seuil, 1987.

As teorias do médico suíço são estudadas por Francine-Dominique Liechtenhan, no artigo "Theodor Zwinger, théoricien du voyage", in *Littérales* nº 7, pp. 151-64.

As citações de Aristóteles encontram-se em *Poética*, trad. Eudoro de Sousa, Porto Alegre, Globo, 1966, pp. 76, 80 e 83.

Os rudimentos teóricos e a terminologia elementar da análise estrutural da narrativa, aqui utilizados, podem ser encontrados em V. I. Propp, *Morfologia do conto maravilhoso*, trad. Jasna Paravich Sarhan, org. Boris Schnaiderman, Rio de Janeiro, Forense Universitária, 1984; *Théorie de la littérature* (*Textes des formalistes russes*), trad. T. Todorov, Paris, Seuil, 1965; *Communications* nº 8 (*L'Analyse structurale du récit*), Paris, Larousse, 1967; A. J. Greimas, *Sémantique structurale*, Paris, Larousse, 1966.

As considerações de Roland Le Huenen sobre a técnica da descrição nas relações de viagens se encontram no artigo "Qu'est-ce qu'un récit de voyage?", in *Littérales* nº 7, pp. 19-20.

A citação de João Rocha Pinto relativa à narração da viagem como rito de passagem se encontra em sua obra acima citada, pp. 212-3.

GONNEVILLE E CAMINHA

Sobre a carta de Pero Vaz de Caminha, foi aqui utilizada a seguinte bibliografia: "Carta de Pero Vaz de Caminha", in *Descobrimentos portugueses, documentos para a sua história*, ed. João Martins da Silva Marques, v. III, Lisboa, Edição do Instituto de Alta Cultura, 1971, pp. 592-607; J. Capistrano de Abreu, "Vaz de Caminha e sua Carta" (1908), in *O descobrimento do Brasil*, pp. 191-204; Jaime Cortesão, *A carta de Pero Vaz de Caminha*, Rio de Janeiro, Livros de Portugal, 1943 (citação: p. 113); Duarte Leite, "A carta de Pero Vaz de Caminha", in *História dos descobrimentos — Coletânea de esparsos*, org. V. Magalhães Godinho, Lisboa, Cosmos, 1959, v. I, pp. 539-47 (citação: p. 541); *A carta de Pero Vaz de Caminha*, estudo crítico de J. F. de Almeida Prado, texto e glossário de Maria Beatriz Nizza da Silva, 2ª ed., Rio de Janeiro, Agir, 1977 (citação: p. 36); João Rocha Pinto, "Em viagem: a descoberta da alteridade. A invenção do índio brasileiro", in op. cit., pp. 215-39 (citações: p. 220, 227, 228, 232 e 233).

As citações de Sérgio Buarque de Holanda foram colhidas em *Visão do paraíso*, 3ª ed., São Paulo, Nacional, 1977, pp. 1, 290, 320, 312, 306 e 318.

A citação de Roland Le Huenen provém de seu artigo acima citado, p. 17.

Os textos de Cartier se encontram em *Les Français en Amérique pendant la lère. moitié du XVIe siècle*, já citado. O comentário de Marie Christine Gomez-Géraud está em "La perception du geste sauvage et ses enjeux: regards sur l'indien de la Nouvelle France (1543-1632)", in *Les figures de l'Indien*, p. 191.

4

A DESCENDÊNCIA DE ESSOMERICQ

O IMPOSTO DE ADVENA

Em 1658, uma família ilustre da Normandia foi notificada, pelos fiscais do Rei Luís XIV, de que devia pagar o imposto de advena (*droit d'aubaine*). Tratava-se de um tributo devido à Coroa pelos estrangeiros (*aubains*) radicados na França. A família em questão estaria em débito pelo fato de descender de um alienígena.

A chefe dessa família era então Marie Collet de Boves, viúva de Olivier Paulmier, senhor de Courtonne e do Pommeret, que fora conselheiro do Rei e receptor de impostos devidos pelos plebeus à nobreza. Olivier Paulmier seguira, inicialmente, a carreira militar, e tinha decidido ficar celibatário. Mas, como seus irmãos mais velhos morreram prematuramente, ele resolvera casar-se, em 1627. Marie Collet era ela mesma de nobre estirpe, oriunda dos capetos e carolíngios, e parente de famílias reinantes da Europa. O casal teve cinco filhos, três homens e duas mulheres. Em 1658, dois desses filhos eram ainda menores. Sua cunhada, Simone Paulmier, enviuvara também, recentemente, do senhor Le Doux de la Rozière. Sua sobrinha, Charlotte Paulmier, era casada com Jacques de Fourbin, Marquês de la Barben, Primeiro Cônsul da cidade de Aix-en-Provence, e aí residia.

A indignação das viúvas e parentes foi grande. Estrangeiros, eles que pertenciam à melhor aristocracia francesa? Eles eram, sim, descendentes de um índio vindo de um país austral; mas esse índio era um "príncipe", e se instalara na França por circunstâncias independentes de sua vontade.

A viúva Marie Collet chamou seu filho mais velho para discutir o assunto. Jean Paulmier tinha 26 anos, e era padre. O Abade

Paulmier lembrou à mãe que existia uma declaração de viagem depositada na Justiça pelo Capitão de Gonneville, e que o relato aí contido comprovava as circunstâncias da vinda do bisavô índio. Eles possuíam, nos arquivos familiares, uma cópia dessa declaração. Apresentaram-na aos coletores do imposto, que a recusaram, alegando que ela não tinha valor legal, e que só aceitariam um documento original. Os herdeiros pediram então, à Sede do Almirantado de França em Ruão, uma cópia certificada daquela declaração.

A cópia oficial lhes foi negada, sob pretexto de que a declaração pertencia aos arquivos secretos do Almirantado. Os herdeiros Paulmier resolveram apelar a mais altas instâncias: escreveram um requerimento, que enviaram ao Rei, explicando por que lhes parecia injusta a cobrança do imposto de advena, e expondo a dificuldade encontrada junto ao Almirantado. O principal argumento era o fato de seu antepassado ter sido trazido à França muito jovem, sob promessa de ser repatriado, e de essa promessa não ter sido cumprida. Não fora, pois, por decisão nem culpa sua, que ele se radicara no país. Além disso, lembravam respeitosamente ao Rei que os serviços prestados à Coroa, pelos Paulmier e por seus consortes, faziam daquela cobrança uma humilhação.

A resposta de Luís XIV lhes foi totalmente favorável. O jovem Rei enviou uma carta régia em forma de compulsória ao Almirantado de Ruão (a *compulsoire* é a via pela qual um terceiro é autorizado a ter acesso a um documento de arquivo público e a obter cópia do mesmo). A carta enviada pelo Rei dizia o seguinte:

> Luís, pela Graça de Deus Rei de França e de Navarra.
>
> A nossos amados e fiéis mantenedores de nossa sede geral do Almirantado de França, na Mesa de Mármore de Nosso Palácio em Ruão, saudações.
>
> Demonstrado nos foi, por parte da *Damoiselle* Marie Collet de Boves, viúva do falecido *Sieur* Paulmier, senhor de Courtonne e do Pommeret, tutora de seus filhos menores; como também por parte dos filhos maiores do falecido senhor do Pommeret; e da *Damoiselle* Simone Paulmier, viúva do *Sieur* Le Doux, senhor de la Rozière, litisconsortes da dita Collet:
>
> Que tendo sido ordenado por nós, de um tempo para cá, que os estrangeiros e descendentes dos mesmos deveriam contribuir para as necessidades de nosso Estado, os Prepostos encarregados do recebimento da dita pecúnia pretenderam incluir em suas cobranças aquela viúva Collet, embora ela seja de uma família tão constantemente originária das terras sob nossa obediência que ela pode provar que há trezen-

tos anos, mais ou menos, um de seus avós servia, no emprego de Capitão, ao Condestável Bertrand du Guesclin; que a terra e senhorio de Boves, em nosso Viscondado de Auge, foi anexada em virtude de um casamento à família de Collet, e possuída por aqueles da dita família já há oito graus de geração; e que no ano de mil quatrocentos e sessenta e seis, na pesquisa feita sobre os nobres de nossa província da Normandia pelo senhor Remond de Montsault, comissário disso incumbido, Guillaume Collet senhor de Boves, quarto avô da expoente, foi reconhecido como oriundo de família gozando então, no dito viscondado, do privilégio de nobreza desde tempos imemoriais; o que torna evidente que não se pode acusar a dita família de adventícia, nem a dita Collet, já que, nascida em nosso Reino, de gentis-homens franceses de origem, e tendo sempre vivido em França, ela não pôde contrair nenhuma qualidade estrangeira;

Que também os coletores do dito imposto dizem particularmente reconhecê-la como viúva e tutora dos filhos menores do dito falecido senhor do Pommeret e dela; o que obrigaria os outros filhos, maiores, juntamente com a dita *Damoiselle* viúva do dito senhor de la Rozière, irmã do dito falecido senhor do Pommeret, a juntarem-se à expoente para a apoiar: que embora eles não possam desconhecer que Binot Paulmier, progenitor de sua família em nosso Reino, era de origem estrangeira e não tenha sido naturalizado, entretanto eles devem ficar isentos de cobrança, por ter o dito Binot sido trazido das Índias por um navio francês, como embaixador e sob promessa de ser levado de volta ao seu país natal dentro de certo tempo, promessa que não foi cumprida, sendo aliás impossível, para o dito Binot, voltar a um país tão longínquo; e que, assim, não seria justo que aquele que veio e permaneceu em França daquela maneira, e sua posteridade, fossem tratados do mesmo modo que os outros estrangeiros que aqui vieram morar voluntariamente, não sendo razoável que os ditos descendentes daquele Binot sejam agora incomodados porque as promessas que outrora lhes fizeram não foram cumpridas;

E ainda mais: que a principal peça justificativa de sua defesa é uma declaração de viagem feita às ditas Índias por outro Binot Paulmier, conhecido vulgarmente como Capitão de Gonneville, depositada em junho de mil quinhentos e cinco diante dos oficiais de nosso Almirantado em Ruão, prática que antigamente, por louvável justificação, era observada por todos os capitães e marinheiros chegados de viagens de longo curso; e que, por outro lado, os ditos expoentes não possuem o original desse documento, que eles consideram decisivo no processo, mas apenas uma cópia, que os ditos coletores recusam como não merecedora de fé, exigindo a apresentação do original; coisa impossível para os expoentes porque, conforme dispõe o costume de nossa referida província da Normandia, os primogênitos devem ficar com todos os documentos concernentes ao estado de suas famílias, e os outros filhos terem apenas cópias; assim sendo, o falecido amado e fiel conselheiro senhor Jean-Baptiste Paulmier, que em vida era primeiro presidente dos Tesoureiros de França na Provença, filho mais velho da dita família, teria ficado outrora em posse do dito original, como se menciona no instrumento e colação da dita cópia; o qual Presidente, residindo no dito país de Provença, afastado de mais de duzentas léguas do domicílio dos expoentes, e aliás não tendo deixado filhos homens que tivessem interesse na conservação de tais documentos, mas apenas uma filha casada, no dito país, com o senhor de Fourbin, Marquês de la Barben; é evidente ser coisa impossível, ou pelo menos muito difícil, para a dita viúva e seus litisconsortes, recuperarem o dito original, considerando-se o longo lapso de tempo, a grande distância dos lugares e outras circunstâncias acima mencionadas;

Eis por que eles desejariam ter uma Certidão ou um Certificado de Conformidade desse documento, extraído dos Registros de vosso arquivo; mas eles temem que vós lhes crieis dificuldades, pelo fato de a declaração da dita viagem estar contida, segundo souberam, nos registros secretos da dita Sede, se para tanto Nós não os provirmos de carta de compulsória, a qual lhes concedemos por nossa graça especial.

Para esses fins,

Nós vos ordenamos que, se nos ditos Registros, mesmo naqueles dos assuntos secretos e extraordinários, estiver a dita Declaração da viagem do dito Capitão de Gonneville, vós entregueis ou mandeis entregar aos expoentes as Certidões ou Certificados de Conformidade que vos serão solicitados. E, em caso de recusa ou demora, ordenamos a nosso Oficial de Justiça ou Meirinho que expeça todos os mandados e intimações cabíveis para a execução destas ordens, resultantes de ação civil.

Pois tal é nosso desejo.

Entregue em Ruão aos dezessete dias do mês de agosto do ano da graça de mil seiscentos e cinqüenta e oito, décimo sexto de nosso Reinado.

Assinado: Pelo Conselho, COQUART, com rubrica; e selado com um lacre de cera amarela sobre uma fita simples.

Diante de tão clara manifestação do desejo real, a resposta dos tabeliães de Ruão não se fez esperar:

Fizemos expedir a cópia do todo, à qual apusemos o lacre, e mandamos entregá-la, como documento equivalente ao original, e para servir aos fins desejados, à dita *Damoiselle* Collet, viúva do dito falecido senhor do Pommeret e tutora dos ditos filhos, à dita viúva do dito De la Rozière, e outros aliados e consortes.

Entregue na dita Sede Geral, no dia trinta de agosto de mil seiscentos e cinqüenta e oito.

MARTEL. CARMILLE.

A carta do Rei, embora não redigida pelo próprio mas por seus conselheiros, e tratando de um assunto particular sem grande importância para o Reino, refletia bastante bem as posições do monarca naquele momento. Luís XIV tinha então vinte anos, e estava em vésperas de se livrar da tutela de Mazarino e de iniciar, de fato, seu reinado pessoal. O Rei Sol estava despontando. A rebelião da Fronda acabava de ser dominada. A aliança dos nobres em torno do poder real e o apoio das províncias eram fundamentais para consolidar o absolutismo. Portanto, qualquer assunto que permitisse favorecer as famílias aristocráticas era, para o Rei, uma boa causa. Quanto aos estrangeiros, estes não incomodavam, desde que se tratasse de nobres ou de embaixadores. Entre famílias reais, então, nem se colocava a questão. Sua mãe era austríaca, sua mulher espanhola.

Ora, se a família Paulmier não tivesse tido esse contratempo fiscal, a *Relação* do Capitão de Gonneville talvez nunca tivesse chegado ao nosso conhecimento, perdida entre os milhares de documentos da Marinha francesa. Mas a *Relação* e a aventura nela narrada estavam, sobretudo, na memória de um descendente de Essomericq, o Abade Jean Paulmier de Courtonne, seu bisneto.

O DESTINO DE ESSOMERICQ

Depois do espantoso retorno dos 28 tripulantes do *L'Espoir*, não se teve mais notícia, por alguns anos, do Capitão de Gonneville e de seu afilhado. Como foi a retomada, pelo Capitão, de sua vida e de seus negócios? Como foi a adaptação do índio ao Velho Mundo, a suas estações e costumes, tão diferentes dos que conhecia? Nunca saberemos no pormenor. Mas alguns dados chegaram até nós.

Passaram-se mais de vinte luas, e Essomericq permanecia na Normandia. O Capitão, que não tinha filhos, levou a sério suas responsabilidades de padrinho. Afeiçoou-se ao índio, e sentia-se culpado pelo fato de não ter cumprido o juramento de levá-lo de volta a seu país. Bem que ele tinha tentado. Logo que se refez do cansaço e dos prejuízos da viagem às Índias Ocidentais, tentou convencer seus sócios a armar outro navio para lá retornar. Mas ninguém mais quis segui-lo nessa arriscada empresa, e o Capitão teve de desistir.

Em 1521, o padrinho achou que o afilhado devia estabelecer-se na vida. Arranjou-lhe então uma noiva, uma parenta sua, provavelmente uma sobrinha. A união deu certo, pelo menos quanto à progenitura, pois o casal teve quatorze filhos. Antes de morrer, o Capitão legou a Essomericq, que já era Binot desde seu batismo, também seu sobrenome, Paulmier, as armas da família, presumivelmente "uma palmeira de sinopla sobre fundo de ouro", e diversos bens materiais. Com isso ele pretendia redimir-se do juramento não cumprido. Essomericq-Binot teve uma longa existência, vindo a falecer somente em 1583, com a idade de 95 anos; o que mostra ter se adaptado bastante bem ao clima e à condições de vida na França.

Dos quatorze filhos de Essomericq-Binot, só um continuou a linhagem masculina. Chamava-se, também, Binot Paulmier (o terceiro contando o Capitão), e casou-se com a aristocrata Jeanne de Robillard, de quem teve vários filhos. O mais velho, Jean-Baptiste Paulmier, foi Presidente dos Tesoureiros de França na Provença e era casado com a Marquesa de Andréa; foi este que carregou os documentos originais da família para o Sul da França, conforme se explicou na pendência relativa ao imposto de advena. Sua irmã, Simone Paulmier, também citada naquele processo, casou-se com o *Sieur* Le Doux, senhor de la Rozière. E seu irmão caçula, Olivier Paulmier, senhor de Courtonne, casou-se com a *Damoiselle* Marie Collet de Boves, que encabeçava a lista dos apelantes no caso do imposto de advena. Vê-se que o índio originário fora considerado como um legítimo príncipe, filho de chefe que era; e que sua descendência, já na segunda geração, fundira-se perfeitamente na aristocracia francesa.

Olivier Paulmier e Marie Collet tiveram cinco filhos: Jean, Gabriel, Robert, Marie e Hélène. O primeiro foi o mais importante, porque é graças a ele que nossa história continua.

O ABADE JEAN PAULMIER DE COURTONNE

Jean Paulmier nasceu em 1632 e manifestou uma vocação precoce. Desde a adolescência decidira seguir a carreira religiosa. E as verdadeiras vocações, nessa época, eram raras, já que a carreira eclesiástica era apenas um dos caminhos normais para se obter poder e renda vitalícia (o que, diga-se de antemão, ele também teria). A Igreja gozou de enormes privilégios durante todo o século XVII.

A história de seu bisavô o fascinava. Aos dezesseis anos já tinha estudado cuidadosamente a cópia da *Relação* existente nos arquivos da família, e colhido junto aos parentes mais velhos todas as lembranças referentes ao acontecido no século anterior. Inconformado com a perda dos diários do Capitão, roubados pelos piratas ou afundados com o navio, tentava, por todas as formas, suprir as lacunas de informação. Redigiu então um memorando sobre a descoberta de Gonneville e sobre a conveniência de a Igreja enviar uma missão para salvar as almas daqueles pagãos austrais.

Em 1658, com apenas 26 anos, ele já era cônego na Catedral de Lisieux, importante paróquia da Normandia. Os cônegos eram clérigos seculares, membros do capítulo de uma catedral, conselheiros dos bispos. Jean Paulmier era cônego com prebenda, isto é, uma renda pessoal confortável.

A posição de sua família lhe facultara uma educação primorosa, assim como excelentes relações na corte e no clero. Assim, ele pôde entregar seu memorando a várias pessoas ilustres, entre as quais Louis Abély, que fora confessor de Mazarino e era Bispo de Rodez, e Vicente de Paula, superior das Missões. Esse futuro santo era muito influente; fizera parte do Conselho de Consciência da Regente Ana da Áustria e opinava nas nomeações episcopais; prometeu ao Abade Paulmier que levaria seu texto ao Papa. Mas faleceu em 1660, sem ter podido cumprir sua promessa.

O Abade não desistiu. Continuou mostrando seus escritos a todos os clérigos influentes e contando a história de Gonneville e de seu bisavô a todas as personalidades que freqüentava. E temos razões para supor que ele era um *habitué* dos luxuosos salões parisienses e, talvez, da própria corte, que nessa altura ainda habitava as Tulherias.

Nos salões de Dom Palus, Bispo de Heliópolis, e de Dom Lambert, Bispo de Berito (atual Beirute), ambos vigários apostólicos das Missões do Oriente, o Abade conversava com a nata do clero e da política. Aí ele conheceu Cabart de Villermont, a quem ofereceu seu livro. Este aristocrata deixou anotadas, nesse exemplar, suas impressões sobre o Abade:

> Era muito erudito e tinha um grande conhecimento das relações exteriores; tinha viajado por quase toda a Europa, até mesmo em missão diplomática, como na Polônia, a serviço do falecido Conde de Saint

Paul [...] Nunca conheci alguém mais instruído do que ele sobre navegações de longo curso e relações de viagem, que pareciam ser seu principal objeto de estudo. Não eram menores seus conhecimentos de belas-letras e de história, sobretudo de história sagrada, e de tudo o que concernia a sua profissão, como teologia, direito canônico etc.

Esse julgamento comprova que o Abade era um daqueles numerosos clérigos que, em seu século, asseguraram à Igreja um papel cultural importante, o que chegou a provocar polêmicas internas. De fato, as bibliotecas eclesiásticas eram riquíssimas, e muitos padres se entregavam a pesquisas históricas e científicas cuja discussão transbordava para os salões e a corte. Alguns eclesiásticos se opunham, sem obter resultados, a esse "desvio" das funções sagradas. Mas, pelo que diz Villermont, o Abade Paulmier equilibrava bem seus saberes e interesses.

Villermont anotou também, cuidadosamente, "duas coisas muito curiosas" que o Abade lhe contara sobre sua família. A primeira é a história do imposto de advena. E a segunda:

> Disse-me ainda que o Capitão de Gonneville, que tinha trazido à França aquele do qual ele descendia, vendo que aqueles com quem se havia associado para suas viagens, e que eram quase todos seus parentes e herdeiros, não queriam contribuir para equipar um outro navio, a fim de voltar ao mesmo lugar, e de assim honrar a palavra dada tanto ao pai quanto ao filho, ele havia feito deste último seu herdeiro universal, por um princípio de eqüidade, para impedir que ele caísse na miséria neste país, já que ele não podia levá-lo de volta ao seu, onde nada lhe teria faltado. Os bens que o Capitão de Gonneville lhe deixou permitiram que ele se casasse com uma rica herdeira, da qual o Abade Paulmier descende pelas mulheres. O Capitão obrigou-o, por testamento, a portar, ele e seus descendentes masculinos, seu nome e suas armas. Foi na casa dos Bispos de Heliópolis e de Berito que vi, pela primeira vez, o Abade Paulmier, e lá nos encontrávamos um e outro, freqüentemente, com o Senhor de Flacourt.

Etienne de Flacourt (1607-60) era geógrafo e explorador. Foi o colonizador de Madagáscar, onde os franceses estavam implantados havia alguns anos, e era Diretor Geral da Companhia Francesa do Oriente. O senhor de Flacourt também ficou impressionado com o Abade e sua história. A experiência do Capitão de Gonneville lhe interessou porque, naquele momento, a França estava empenhada em colonizar outras "terras austrais" e, detalhe importante, *o Abade não sabia precisar com certeza que terras eram aquelas de onde viera seu bisavô*. Presumia-se assim que aquela região ainda estaria virgem, à espera de redescobridores. Em sua *Histoire de la grande ile de Madagáscar*, que Flacourt publicou em 1661, é referida a viagem de Gonneville, no capítulo LXXXXI, intitulado "Vantagens que se pode tirar do estabelecimento das colônias em Madagáscar, para a religião e para o comércio".

Flacourt começa por falar das Terras Austrais, "3.º Continente e 5.ª parte do Globo", onde "nenhum navio cristão aportou antes do navio francês partido em 1503". Faz um resumo bastante fiel da viagem, conforme o fornecido pelo Abade Paulmier, e acrescenta o que este lhe contou da continuação da história:

> O Capitão, movido pelo desejo comum e habitual dos descobridores de novas terras, aproveitando-se da curiosidade natural daqueles índios, e do crédito que tinha adquirido junto a eles, fez com que aquele Reizinho [*Roytelet*] lhe confiasse um de seus filhos, chamado Essomericq, para vir à Europa, sob promessa de o devolver o mais tardar dentro de vinte luas [...] Essomericq foi trazido e não devolvido; foi batizado e recebeu o nome do Capitão, que foi seu padrinho, e depois tomou o sobrenome deste, tendo recebido diversas vantagens pelas quais o Capitão pretendia reparar o prejuízo que lhe causara faltando ao juramento de levá-lo de volta a seu país. Arranjou-lhe um casamento com uma de suas parentas, e tendo morrido sem filhos, fez diversas doações testamentárias em favor desse Índio, que viveu até 1583, deixando vários filhos, dos quais não resta nenhuma posteridade masculina, exceto um dos mais jovens, que tinha também o nome de Binot, senhor de Courtonne, o qual deixou numerosos filhos varões, dos quais apenas dois se casaram, um chamado Jean-Baptiste, Presidente dos Tesoureiros de França na Provença, o qual só deixou uma filha, esposa do Senhor Marquês de la Barben, da casa de Fourbin na Provença; o outro, Olivier, senhor de Courtonne, que deixou os irmãos Jean, Gabriel e Robert Paulmier, sendo os dois últimos ainda menores, e o mais velho, Eclesiástico e Cônego da Catedral de Lisieux.

Tendo registrado tudo o que sabia sobre a história do Capitão de Gonneville, Flacourt conclui:

> Digo essas coisas para fazer notar a nossa França que ela deve aplicar-se particularmente à descoberta das Terras Austrais, a plantar nelas a fé e o comércio, já que os seus foram os primeiros a lá chegar, que eles foram ali bem recebidos, que os de lá não opuseram nenhuma dificuldade a enviar os seus em França, onde vive ainda sua posteridade, para nos fazer lembrar que não devemos negligenciar os países meridionais, dos quais podemos tirar tanto proveito quanto os espanhóis tiram dos ocidentais, e os portugueses e outros nossos vizinhos dos orientais.

A observação de Flacourt deixa claro que, naquele momento, nem o Abade nem ninguém identificava (ou desejava identificar) a Terra de Gonneville com a América, e todos a situavam em algum lugar ao lado ou abaixo de Madagáscar. O interesse de Flacourt por essas terras era, entretanto, diverso do interesse do Abade; um pensava em colonizar, o outro apenas em catequizar. Flacourt morreu em 1660, num naufrágio no Atlântico. Enquanto isso, o Abade continuava distribuindo seu memorando. Sua carreira prosperava, paralelamente. Ele era, agora, residente (representante diplomático) do Rei da Dinamarca na França.

Também se interessou pelo relato da viagem, independentemente dos objetivos religiosos do Abade Paulmier, um historiógrafo de Luís XIV, Denis Godefroy. Uma das pessoas que tiveram cópia do memorando, o Padre Féret, vigário da paróquia de Saint Nicolas du Chardonnet, achou-o suficientemente importante para ser transformado em livro, e entregou-a ao editor parisiense Cramoisy, que o imprimiu, em dezembro de 1663. O Abade só tomou conhecimento dessa edição seis semanas mais tarde, e ficou muito irritado por ela ter sido feita à sua revelia. Mas, já que o livro estava impresso, conformou-se com sua edição, exigindo apenas que ela fosse acrescida de uma introdução explicativa e de uma errata. Assim, o livro foi refeito e relançado em janeiro de 1664.

A OBRA DO ABADE PAULMIER

A obra do Abade é hoje um livro raro, de que existem pouquíssimos exemplares. Tem 216 páginas, mais a introdução e um mapa, e intitula-se *Mémoires touchant l'établissement d'une Mission chrestienne dans le Troisième Monde, autrement appellé la Terre Australe, Méridionale, Antartique & Inconnue* (Memorando que trata do estabelecimento de uma Missão cristã no Terceiro Mundo, também chamado de Terra Austral, Meridional, Antártica & Desconhecida). Sob o título, acrescenta-se: "Dedicado a Nosso Santo Padre o Papa Alexandre VII por um Eclesiástico originário dessa mesma Terra". Não consta, no frontispício, o nome do autor.

A dedicatória ao Papa, que ocupa dezoito páginas, termina com a seguinte assinatura: "De Vossa Santidade o muito humilde, muito obediente e muito devoto Orador I.P.D.C., Padre Ind. e Cônego da Igreja Catedral de S.P.D.L.". D'Avezac esclarece que I.P.D.C. significa Jean Paulmier de Courtonne, S.P.D.L. significa Saint Pierre de Lisieux, e que "Padre Ind." (*Prêtre Ind.*), interpretado no século XVIII por De Brosses como "padre índio", é apenas uma forma de humildade eclesiástica e deve ser lida como "padre indigno".

Na dedicatória, escreve o Abade Paulmier:

> Eis aqui vários milhões de homens, que trago aos pés de Vossa Santidade, para suplicar-lhe com tanta humildade quanto instância que Ela queira admiti-los no Redil Sagrado cuja direção a Providência divina lhe confiou, e fora do qual não há salvação. São os Habitantes daquelas grandes Regiões que todos os mapas-múndi representam sob o título de Terras Austrais desconhecidas, cuja extensão é tão vasta que elas constituem uma das partes do Universo; mas tão consideráveis que merecem o nome de Terceiro Mundo.

Essa divisão do mundo é assim explicada: o Primeiro Mundo é o Antigo (Europa, Ásia e África); o Segundo Mundo é o Novo (América); o Terceiro Mundo é o Desconhecido. O Abade não identifica esse Terceiro Mundo nem com a América, nem com qualquer terra meridional conhecida a leste. Ele acha que Madagáscar seria uma escala no caminho dessas Terras Austrais.

Seguem-se as razões de sua iniciativa em favor dos habitantes dessas terras:

> Reconheço que seria desejável que uma melhor e mais douta pena do que a minha se encarregasse de traçar o quadro de suas misérias. Eu sabia que este trabalho ultrapassava minhas forças, mas eu me estimaria indesculpável de temeridade se, sem trair meu dever, tivesse podido dispensar-me de prestar esse ofício aos Naturais da Terra Austral aos quais o devo, tanto por nascimento quanto por profissão.

O dever que o prende aos Austrais é, portanto, tanto religioso quanto pessoal:

> Eles juraram que voltariam aos portos da Terra Austral com aqueles que de lá tinham tirado, e que tornariam então seus habitantes capazes de subjugar seus mais cruéis inimigos. Os Austrais não têm piores inimigos nem mais sangrentos adversários do que o Diabo e o Erro [...] A inclinação natural que devo ter pelos Austrais me impele a suplicar que não lhes seja negado um socorro que lhes foi prometido; a qualidade que tenho de representante, nascido daquele que eles outrora enviaram como Embaixador para esse fim, incita-me a requerê-lo.

Eis que, numa hábil transformação, o desejo dos índios de dominar as armas de fogo se torna necessidade da Fé, os inimigos humanos são substituídos pelo Diabo e pelo Erro, e a viagem de Essomericq é apresentada como missão diplomática (o que já fora reconhecido por Luís XIV, em sua carta).

O Abade passa, então, ao texto propriamente dito de seu Memorando. O ponto de partida é a *Relação* de Gonneville, "peça jurídica e autêntica datada de 19 de julho de 1505" (a *Relação*, tal como figura na cópia autenticada, tem a data de 19 de *junho* de 1505).

Da página 9 à página 13, o Abade faz um resumo da viagem de ida do *L'Espoir*. Depois de relatar a armação do navio, diz ele:

> O comando do mesmo foi dado ao senhor de Gonneville, o qual levantou Âncora no mês de junho do ano de 1503, dobrou o Cabo da Boa Esperança, que as freqüentes tempestades tinham outrora feito chamar de Cabo das Tormentas e Leão do Oceano; experimentou que esses nomes lhe convinham muito bem, pois sofreu nessa altura uma longa e furiosa tormenta, a qual o fez perder a rota; e finalmente o deixou, para abandoná-lo a uma calmaria aborrecida num Mar desconhecido, onde nossos Franceses foram consolados pela vista de vários pássaros, que pareciam vir de e ir para o Sul; e a necessidade que tinham de água e de limadura os obrigou a darem às velas para lá.

Ora, o relato de Gonneville não poderia ser mais claro quanto ao fato de, não tendo conseguido dobrar o cabo da Boa Esperança, como desejava, ter sido obrigado a "voltar as costas à Índia Oriental" e ter arribado nas Índias Meridionais. Acontece que o Abade não identifica essas Índias Meridionais com as Índias Ocidentais, mencionadas depois por Gonneville, e seu estranho engano, ao afirmar que o Capitão contornou a África e foi para leste, sugere a descoberta de uma outra região bem distante da América: "Eles encontraram o que procuravam, isto é, uma grande Região, que sua *Relação* chama de *Índias Meridionais*, segundo o uso do tempo, que aplicava indiferentemente o nome de *Índias* a todos os países recentemente descobertos".

Como explicar o erro de Jean Paulmier? Ele que era um estudioso obsessivo da *Relação*, e que tinha em mãos a cópia da declaração original, não podia ignorar o que ali se diz. Por acaso ou não, ele não transcreve a parte do documento relativa à viagem e à rota, apenas a resume.

Da página 13 à página 24, o Abade transcreve a própria *Relação*, na parte concernente aos carijós e ao batismo de Essomericq, desde "Dizem também que, durante sua permanência na dita terra, conversavam cordialmente com as gentes dali" até "E parece que o dito batismo serviu de remédio à alma e ao corpo, porque depois dele o índio melhorou, sarou, e está agora em França". Só a parte referente aos índios lhe parece, pois, relevante.

O resumo que o Abade faz desses acontecimentos e dos que se seguiram é de extremo interesse, porque é a versão mais próxima dos fatos narrados, aquela que estava na lembrança familiar:

> Os originários dessas terras desconhecidas receberam os Europeus com veneração, e os trataram, durante uma estada de seis meses, com uma cordialidade toda particular. Estes, não desejando voltar sem trazer alguns dos habitantes dessa nova região (segundo a prática ordinária e comum dos descobridores de novas terras), manejaram tão industriosamente a crédula simplicidade de seus hospedeiros que obtiveram, do próprio chefe, um de seus filhos para vir à Europa, com fingimentos e grandes promessas de o devolver instruído em todas as coisas que eles mais admiravam na pessoa dos Cristãos; e, entre outras, os segredos de nossas armas, e o meio de vencer, com facilidade, seus mais temíveis inimigos: o que os Austrais desejavam com um incrível ardor.
>
> Por essa habilidade, aquele Índio foi conduzido à França, onde viveu até um tempo de que restam ainda várias pessoas vivas. Ele foi batizado, e assim teve a felicidade de estar entre os primeiros cristãos das nações meridionais. Recebeu, com o batismo, o nome do Capitão que o trouxera; e mais tarde tomou o seu sobrenome, que a voz pública lhe concedeu, com o acordo do próprio Capitão o qual, para reconhecer de certa maneira a boa recepção que lhe fora concedida pelos Austrais, e para cumprir aquilo que a razão o obrigava a fazer em favor daquele que ele havia artificiosamente transportado, de seu meio a lugares estrangeiros, arranjou-lhe algumas modestas vantagens e um casamento que o tornava seu parente, do qual saíram muitos filhos, um dos quais foi meu avô paterno; e agora, pela extinção dos ramos mais velhos, eu me encontro como chefe e decano da família desse primeiro cristão das terras austrais, e nessa qualidade vejo-me na obrigação de cobrar à Europa cristã a execução das promessas feitas pelos seus.

Vemos aí, claramente, que a promessa de Gonneville era reconhecida como falaciosa, mas que seu sentimento de responsabilidade era bem real, o mesmo sentimento para o qual agora apela o Abade Paulmier, desejoso de revertê-lo em benefício da fé. A parte da história que ele conta e transcreve é a que serve a seus propósitos missionários, pois ela demonstra a boa disposição dos Austrais para a conversão ao catolicismo.

Em seguida, vem um resumo da viagem de volta. Nenhuma menção é feita aos outros dois encontros com índios, muito menos oportunos para sua tese, já que estes, nus e antropófagos, não manifestavam grandes disposições para se tornarem cristãos. E, além do mais, estes não são antepassados do Abade, o que o inclina a omiti-los sem remorsos. O apagamento da menção de Gonneville às Índias Ocidentais e a seus ferozes habitantes evidencia, novamente, que não interessava, ao autor do memorando, complicar sua exposição e prejudicar sua proposta evangelizadora.

Outra omissão igualmente curiosa e explicável se refere aos piratas que ocasionaram a desgraça final de Gonneville. Só o pirata inglês é referido, e nada se diz do embaraçoso (e fatal) pirata bretão. Que tenha sido um compatriota (sobretudo quando a França já está firmememente unificada como nação) o causador final do naufrágio do *L'Espoir* é um dado incômodo, que vários historiadores subseqüentes, até o fim do século XIX, preferem esquecer.

Narrada, pois, a aventura de Gonneville, o Abade passa a sua argumentação em favor do envio de uma missão cristã:

> Vimos, acima, que Arosca confiou aquele Índio seu filho àqueles que um golpe do Céu, mais do que um golpe de Tempestade, tinha jogado em seus Portos, e que ele lhes entregou sob a promessa [...] É questão de honra para a França manter sua palavra para com aquele que recebeu os Franceses com tanta cordialidade. Ela deve pagar essa velha dívida, e até mesmo pagar juros por tão grande atraso [...] Eu diria ainda mais, se não temesse ser suspeito quanto à causa de um Povo pelo qual o sangue deve inspirar-me alguma ternura.

O Abade prossegue com uma defesa geral dos índios, até mesmo dos antropófagos: "Os menos instruídos reconhecerão que se encontraram poucas nações mais brutais e mais bárbaras do que as dos tupinambás, margajatos e outros brasileiros, que não hesitavam em se alimentar com a carne de seus inimigos. Entretanto, não os vimos tratar mal os europeus, exceto depois de terem sido provocados".

Chega, então, ao âmago de sua dissertação — a proposta da missão e as sugestões sobre as condições em que esta deveria realizar-se:

> Concluamos, pois, que não se deve pensar em estabelecer a Fé nas Terras Austrais, nem em lugar nenhum, pela espada nem pelas conquistas [...] Que é melhor tomar uma via mais suave [...] a de uma Missão inteiramente desligada dos desejos de usurpação e, tanto quanto

possível, dos embaraços de uma Colônia numerosa [...] Essa Companhia Austral, buscando apenas a conquista das almas, não deve imitar aqueles que, empreendendo estabelecimentos nos países recentemente descobertos, conseguem de seus Soberanos permissão para os subjugar. Ela abster-se-á, portanto, de pedir a Sua Majestade que lhe dê terras e povos que não lhe pertencem, já que a ignorância da religião ou o pecado não privam, de modo algum, o infiel ou o pecador, de seus direitos nem de suas posses.

Essa manifestação do Abade Paulmier em favor dos direitos dos índios é ousada e mesmo comovente. Ele se mostra bem informado dos desmandos da colonização, e de todas as violências praticadas em nome da fé. Retoma, um século mais tarde, a bula *Sublimis Deus* de Paulo III, à qual os conquistadores e colonizadores fizeram ouvidos moucos; e Frei Bartolomé de las Casas, que tentara tão corajosamente proteger os direitos dos índios subjugados pelos espanhóis. O desrespeito dos governantes às bulas papais eram tão flagrantes que, em 1639, Urbano VIII vira-se obrigado a reafirmar a posição da Igreja sobre os direitos dos indígenas à liberdade e à posse da terra. As ambigüidades da difusão da fé no Novo Mundo já estavam claríssimas, e o Abade Paulmier certamente refletia sobre o assunto. Lembrar ao Rei, por meio do Papa, que aquelas terras e povos não lhe pertenciam, era pelo menos embaraçoso.

Naquele momento, Luís XIV estava preocupado com a implantação da Nova França no Canadá. No mesmo ano da publicação do livro de Jean Paulmier, 1663, o Rei imprimira à colônia norte-americana o estilo centralizador que era o seu: a Nova França passara a ser uma província sob a tutela direta da Coroa, encerrando um longo período de querelas locais entre os colonos. Embora mais prudente do que os reis de outros países europeus, com relação às terras dos índios, preferindo fazer alianças com os mesmos e colocar suas terras "sob a proteção" da Coroa ou de colonos franceses, Luís XIV estava, como os outros, interessado nelas.

As relações dos franceses com os índios canadenses sempre foram tensas. O fundador de Quebec, Samuel de Champlain, tinha péssima opinião sobre os selvagens, e duvidava da possibilidade de os cristianizar. No início do século, ele se aliara aos huronianos para combater os iroqueses e, numa única investida, massacrara trezentos deles. Este e outros episódios provocaram um ódio persistente dos iroqueses contra os franceses.

As missões católicas no Canadá, entre 1632 e 1652, obtiveram poucos êxitos. Os índios mostravam-se pouco predispostos à conversão; chamavam os jesuítas de "vestidos negros" e associavam-nos ao demônio e à desgraça. Em 1649, o Padre Jean de Brebeuf foi torturado até a morte pelos iroqueses. Essa história e outras igualmente trágicas eram certamente conhecidas pelo Abade Paulmier. Ao elogiar a doçura e a amabilidade dos "índios austrais", ele estava traçando um quadro em evidente contraste com o quadro das missões do Canadá, as mais recentes, em data, das experiências francesas. E tinha razão, já que as relações dos jesuítas com os carijós (que ele ignorava serem os "índios austrais") foram de fato excelentes. Sem o saber, mas bem informado por Gonneville, o Abade sugere assim um paralelo que seria paradigmático entre os índios do Brasil e os do Canadá.

Suas sugestões de "uma missão desligada dos desejos de usurpação e o tanto quanto possível de uma Colônia numerosa" se opõem, corajosamente, aos projetos colonizadores de que a Nova França era o exemplo mais próximo. Em sua *Histoire de la Nouvelle France*, publicada em Paris em 1609, Marc Lescarbot defendia o direito de tomar as terras dos índios, já que estes, como na parábola do Evangelho, não faziam bom uso dos "talentos" que Deus lhes dera, isto é, não sabiam tratar convenientemente essas terras.

Tudo isso evidencia que as conversas do Abade com o colonizador Flacourt, por exemplo, repousavam num mal-entendido. Enquanto o Abade pensava nas almas de seus "parentes", Flacourt queria saber tudo da história de Gonneville para tirar daquelas terras tanto "proveito" quanto os espanhóis e portugueses tiravam das suas. Flacourt estava, naturalmente, identificado com os objetivos práticos do Rei e dos colonos.

Nenhum dos dois, entretanto, estava em condições de realizar seu projeto, porque a longa argumentação de Jean Paulmier continha uma lacuna: a localização dessas Terras Austrais. É engraçado seguir o Abade em sua exposição e em suas minuciosas propostas relativas à instalação e ao funcionamento da missão, quando há um embaraçoso "porém" a elas subjacente: ninguém sabe, ao certo, onde fica o país em que isso se realizará.

O mapinha que acompanha a obra de Jean Paulmier é bastante vago, e limita-se à representação dos dois hemisférios. Segundo d'Avezac, ele é a reprodução da terceira estampa de um pequeno atlas de 38 mapas publicado dez anos antes, editado pelo cartógrafo Antoine de Fer. Sua função, no memorando, acaba sendo apenas decorativa.

O Abade acha que as Terras Austrais ficam abaixo do cabo da Boa Esperança, mais a leste do que a Terra dos Papagaios, assinalada pelos portugueses ao sul desse cabo. Tudo decorre de sua interpretação errônea da *Relação*, onde ele leu que *L'Espoir* "dobrou o Cabo da Boa Esperança". Assim, conclui ele: "É preciso situar mais além, puxando para sudeste, o país descoberto pelo Capitão de Gonneville".

D'Avezac observa que tal localização das Terras Austrais coincide com a indicação de alguns mapas da época, em particular o que se intitula *Carte universelle en laquelle le Globe terrestre est entièrement réduit et représenté dans un seul cercle*, de Louis de Mayerne Turquet, apresentado ao Rei em 1661. Nesse mapa se vê, entre 70° e 75° de longitude a leste do meridiano da ilha de Ferro (ilha das Canárias que, desde 1634, fora adotada pelos matemáticos de Luís XIII como meridiano de origem), a 68° de latitude austral, o *País dos Papagaios*, e mais a leste, entre 95° e 98°, e a 52° de latitude, o *País de Arosca*, cujo nome havia sido consignado por Flacourt em sua *Histoire de la grande ile de Madagascar*, publicada no mesmo ano. Vê-se que a informação corria rápido. Estando, entretanto, equivocada, ocasionaria problemas no século seguinte, como se verá.

A SUCESSÃO DO ABADE PAULMIER

Não se sabe se o Papa tomou conhecimento do memorando a ele dedicado. Sabe-se que Jean Paulmier prosseguiu sua brilhante carreira eclesiástica e diplomática.

Como representante do Rei da Dinamarca (Frederico III) na França, participou do Congresso de Colônia, realizado em 1673 e 1674, para concluir o tratado de paz de Westfália. Como se sabe, este tinha sido acertado em 1648 entre a Alemanha, a França e a Suécia, para pôr termo à Guerra dos Trinta Anos, e firmado em 1661; mas em 1673 ainda restavam numerosas pendências. A Dinamarca tinha tido importante participação no conflito, e saíra do mesmo diminuída, com a perda de territórios para a Suécia. A função do Abade era, pois, delicada.

É curioso observar que, desde o século XVI, a Dinamarca adotara o luteranismo como religião de Estado e secularizara os bens da Igreja católica. O fato de que seu embaixador, naquele momento, fosse um prelado católico, só se explica pelas origens nobres do mesmo, e talvez pelo fato de sua mãe ser parenta de famílias reinantes. Toda a carreira de Jean Paulmier demonstra que ele se beneficiava de fortes recomendações. Além disso, Frederico III era um monarca absolutista esclarecido, de espírito aberto.

Durante esse Congresso, o Abade veio a falecer, em data e circunstâncias ignoradas. Deixava, na Normandia, uma valiosa herança. Sua casa, na antiga Friche aux Chanoines, hoje praça Hennuyier, em Lisieux, trazia, sobre a porta, uma inscrição:

Etiam niger in puritate
constans coronatur
Ignominia sacerdotis
Propriis studere
Divitiis Hiero. A. Hero.

A tradução do texto é problemática. A primeira frase parece ser: "Embora negro, constante na pureza é coroado"; alude-se, em seguida, a algo cultivado com seus próprios recursos. Sem se arriscarem a traduzi-la, todos os historiadores vêem, nessa inscrição, uma alusão às origens índias do proprietário. Além dessa casa, ele possuía o senhorio de Courtonne-la-Meurdrac, a prebenda de La Pluvière, uma das mais cobiçadas do capítulo, e várias propriedades rurais.

Essa herança passou para seu irmão mais novo, Robert, que também seguira a carreira religiosa. Mais tarde, já no início do século XVIII, no dia 15 de agosto de 1702, o Abade Robert Paulmier resignou o cargo em favor de seu sobrinho, Jean-Baptiste Paulmier, que era filho de Gabriel, o terceiro dos filhos de Olivier Paulmier com Marie Collet de Boves. Jean-Baptiste tinha apenas nove anos, mas já era clérigo; tinha recebido as ordens menores no ano anterior. O Abade Robert morreu alguns dias depois de sua resignação, mas sua prebenda foi entregue pelo Bispo de Lisieux, Monsenhor Léonor de Matignon, a outro eclesiástico parente seu, e a herança saiu assim das mãos dos Paulmier.

Jean-Baptiste não ficou, porém, na miséria e na obscuridade. Graduou-se como Mestre em Artes na Universidade de Caen em 1714, foi depois capelão da igreja de Saint Jean de Cambremer, diocese de Bayeux, em seguida capelão da igreja de Notre-Dame da Catedral de Lisieux e obteve enfim, em 1731, a prebenda de Roques da mesma Catedral. Faleceu em 1757, em sua propriedade de Courtonne-la-Meurdrac.

A Catedral de Lisieux teve, assim, três cônegos descendentes de um índio brasileiro. Não admira que, com tantas vocações religiosas na família, o ramo masculino da mesma tenha vindo a extinguir-se. Em 1900, Henry Le Court dizia existirem ainda quatro descendentes de Essomericq, pela linha feminina. E M. Boissais, em 1911, lembrava que ainda devia haver outros descendentes do ramo que se mudara para a Provença no início do século XVII. Nenhum desses descendentes tinha mais o sobrenome Paulmier, e muito menos Gonneville que, como já se viu, era apenas designativo do lugar de origem do famoso Capitão.

MAIS DOIS DOCUMENTOS

No início do século XX, um certo Coronel de Maussion, descendente em décimo grau do ramo normando da família Paulmier, apresentou mais dois documentos, que foram publicados por M. Boissais.

Conforme informa este último, "o primeiro é um fragmento de papel roído pelos ratos e pela umidade, que constitui verossimilmente uma nota redigida pelo Abade Paulmier por ocasião do processo de 1658, o qual o obrigava a restabelecer sua genealogia". Boissais o publica *in extenso*, deixando em branco os trechos apagados ou ilegíveis, e acrescentando, entre parênteses, palavras faltantes mas prováveis:

PAULMIER — GENEALOGIA

> Em 1498, as Índias Orientais foram descobertas e, já em 1503, os normandos navegaram naqueles mares.....
>
> .....instigados por Jean Langlois e Pierre (Le Carpentier) que, traficando com Portugal, tinham assistido à volta de duas frotas portuguesas. Nove armadores franceses formaram uma associação.
>
> O comando de um de seus navios foi dado a Binot Paulmier, senhor de....., filho mais novo de uma antiga família à qual pertencia a terra, feudo e senhorio de (Buschet), situada na paróquia de Gonneville, próxima de (Honfleur). Essa propriedade passou depois ao Senhor de (Bellemare), por seu casamento com Françoise Paulmier, tornada.....
>
> Binot Paulmier de Gonneville partiu de Honfleur em 1503, levando a bordo dois portugueses que já tinham feito a viagem às Índias. Uma tempestade que os atacou na altura do Cabo da Boa Esperança fez com que perdessem a rota; descobriram a Austrália e aí permaneceram até 1504...
> ....14 filhos do casamento de

(Essomericq).....com a Senhorita Marie Moulin; algumas filhas do segundo casamento.....desses 14, só restavam, em.....Binot Paulmier, 2º do nome, que era o.....por ordem de nascimento, e Olivier 9º.....Olivier só deixou um filho, chamado.....só resta um outro, chamado Robert Paulmier, que não tem filhos; durante 35 anos ele portou armas, e as porta presentemente a serviço do Rei da Suécia, tendo sido obrigado a deixar a França por ter matado em duelo o Senhor de.....de M. d'Aumont, marechal de França.

Quanto a Binot II, desposou Jeanne de Robillard, da família dos senhores de Louvagny; ele era oficial de infantaria nas guerras contra os huguenotes. Teve 11 filhos, dos quais.....mulheres. Resta ainda.....1659, nascida em vida do citado Binot.....Ele viu nascerem todos os filhos citados, exceto.....dos homens, só há 2 casados: Jean-Baptiste e Olivier.....

O 1º, que era o mais velho, foi presidente dos Tesoureiros de França na Provença; ele nasceu em Courtonne no dia 24 de junho de 1565 e morreu em Marselha no dia.....1619. Dele e da Senhorita Marquesa d'André, sua esposa, nasceu uma filha única, Charlotte Paulmier, E.....de Fourbin, Cavalheiro S.....d'Aiguillon etc. etc.

Olivier, senhor de Courtonne, era o 7º; abraçou a profissão das armas e não queria casar-se, mas, não tendo mais irmãos vivos, casou-se em 1627 com (Marie Collet), filha de Gabriel de Collette, senhor de.....auge, de cujo casamento nasceu.....

Aqui termina o documento, que não é datado. Boissais diz que o Coronel de Maussion o dataria de 1658, ano do processo relativo ao imposto de advena. Entretanto, se a transcrição de Boissais é correta, podemos ler no documento a data de 1659 ("Resta ainda.....1659").

Boissais aponta algumas informações interessantes do documento, mas, a meu ver, há outras além das que ele assinala. Por exemplo: Jean Langlois e Pierre le Carpentier haviam assistido à volta de duas frotas portuguesas em Lisboa; os nove burgueses associados armaram outros navios além do *L'Espoir*, criaram uma sociedade para viagens às Índias (não sabemos se houve outras viagens e se tiveram êxito); Essomericq casou-se duas vezes, e a primeira mulher, parenta do Capitão, se chamava Marie Moulin e não Marie Paulmier, como repetem todos os historiadores. Por uma espécie de frustrante fatalidade, justamente no trecho em que o documento falava de Essomericq, há um branco maior!

Além disso, o autor do documento identifica a Terra de Gonneville com a Austrália, o que não é expresso na obra do Abade Paulmier, que fala de Terras Austrais "desconhecidas" .

Descendência de Essomericq
(séculos XVI e XVII)

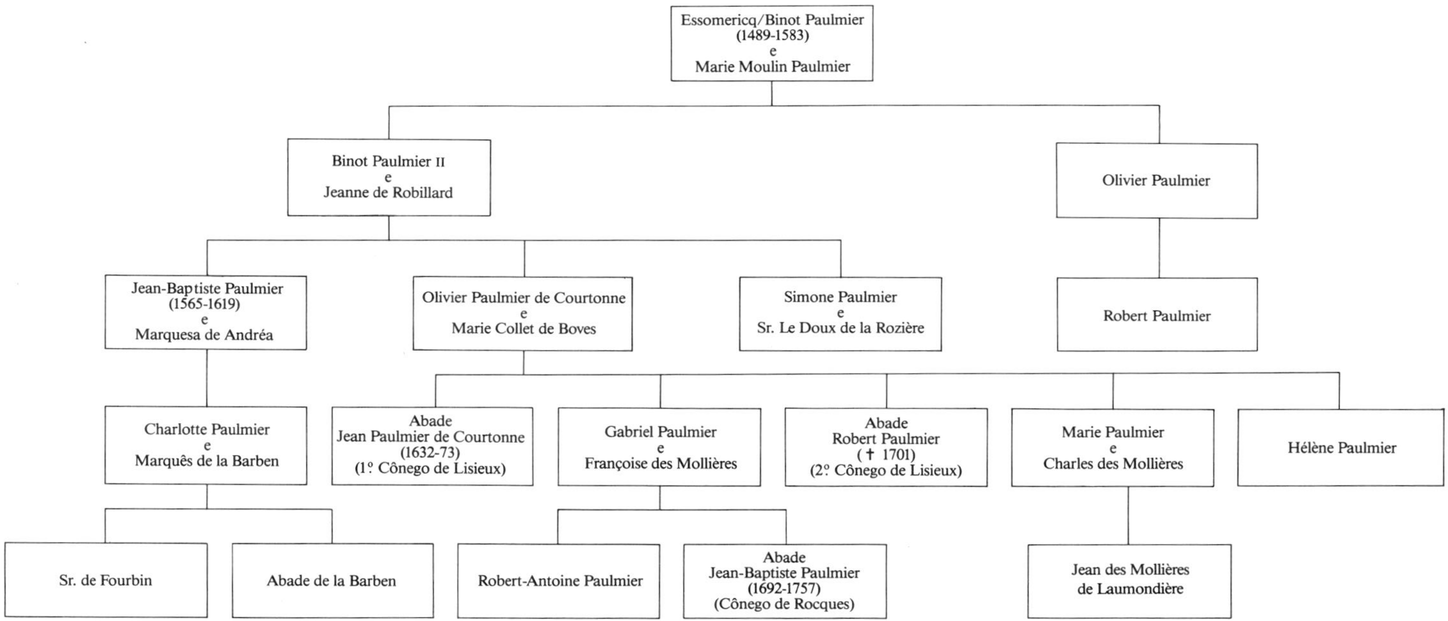

O segundo documento é uma carta de Charlotte de Fourbin a seu primo, o Abade Paulmier, visando obter sua ajuda para que um de seus netos seja admitido na Ordem de Malta:

Senhor meu Primo,

Como há muito tempo não tenho nenhuma notícia sua e como não recebi nenhuma resposta à carta que lhe enviei há algum tempo, pela qual eu lhe pedia que me fizesse o favor de enviar o atestado de casamento de meu avô, assim como qualquer outro documento que prove serem meu avô e sua mulher qualificados como nobres, o que se encontrará no documento de casamento, e como a casa de meu filho é uma das mais ilustres de nossa província, os senhores comissários que examinam as origens de meu neto se satisfarão com os atestados que me mandar, sem irem ver os originais, de modo que basta a sua palavra de que eles eram nobres, tanto o marido como a mulher, meus avô e avó, e se o dito casamento não datar de mais de cem anos, mande-me por favor algum outro documento velho de cem anos ou mais, e que prove ser nobre nossa família, seja casamento ou testamento de nossos antepassados. Eu lhe suplico, senhor meu primo, que nada poupar para o fazer, pois isso é muito importante para a honra de nossa família e para a minha em particular; — e não tema que verifiquem os registros, pois a casa de Fourbin, que é a de meu filho, é tão considerável e tão ilustre que todos só pedem esse documento para satisfazer à formalidade costumeira de Malta. Não creio que isso lhe custe muito, o que lhe será reembolsado por meu filho, Abade de la Barben, que lhe enviará seu endereço em Paris; seria bom que, depois da qualidade de nobre ou qualquer outro título que quiser acrescentar, seja também mencionado Senhor de Courtonne. Eu lhe suplico, senhor meu primo, que me responda o mais breve possível e que me mande logo os ditos documentos, e tudo lhe será reembolsado, e se eu puder lhe prestar algum serviço, aqui ou alhures, eu lhe imploro que mo diga, e o senhor verá que, de todas as pessoas que lhe pertencem, não há nenhuma que lhe seja mais dedicada, eu lhe asseguro do mais íntimo de meu coração, como sendo,

Senhor meu primo,

Sua muito humilde e muito obediente serva e prima,

C. DE PAULMIER

Eu lhe suplico que apresente meus respeitos a todos os nossos parentes, e que lhes assegure de meus serviços e de minha amizade.

O interesse dessa carta é que ela atesta: a nobreza da família Paulmier; a alta posição e o poder do Abade Paulmier, diante de quem a prima se inclina; o pão-durismo ou do Abade ou da prima, que insiste em assegurar o reembolso de qualquer despesa. E, sobretudo, a importância que os Paulmier dão a sua genealogia, no século XVII. Quer por causa do imposto de advena, quer por causa da Ordem de Malta, ou por qualquer outra razão, dir-se-ia, pelo que deles nos ficou, que os descendentes de Essomericq passavam seu tempo ocupados em provar suas origens. É próprio do século de Luís XIV essa obsessão pelas posições sociais, os títulos e as etiquetas. Ninguém registrou melhor essas manias do que o memorialista Saint-Simon. Uma carta como esta, da prima ao Abade, é apenas uma amostra das toneladas de cartas menores que devem ter circulado na França de Luís XIV, intrigando, discutindo privilégios, pedindo apoio, cartas que não alcançaram a fama das de Madame de Sévigné, por razões de forma mais do que de conteúdo.

Mas é particularmente irônico que, nessa complexa e ilustre árvore genealógica que tanto ocupava os Paulmier, figure um exótico carijó, um representante daquela "gente simples que não pedia mais do que levar uma vida alegre sem grande trabalho", que vivia da caça e da pesca e andava seminua em suas aldeias de palhoças. É o caso de se perguntar: que foi fazer Essomericq nessa galera?

FONTES BIBLIOGRÁFICAS

A principal fonte das informações contidas neste capítulo continua sendo d'Avezac, *Campagne du navire l'Espoir de Honfleur, 1503-1505. Relation authentique du voyage du Capitaine de Gonneville ès Nouvelles Terres des Indes*, 1869. A Carta Real de Luís XIV é por ele transcrita, em adendo à *Relação*, nas páginas 111 a 115.

Informações complementares foram colhidas nos seguintes estudos: Henry Le Court, *Trois chanoines de Lisieux issus d'un roi indien*, in *Études d'histoire normande*, Lisieux, Imprimerie E. Lerebour, 1900, pp. 6-15 (opúsculo raro, de que foram distribuídos apenas cinqüenta exemplares, e que encontrei na Biblioteca de Caen); M. Boissais, *Binot Paulmier dit le Capitaine de Gonneville, Commandant du navire "L'Espoir", 1503-1505, ses origines, son voyage, sa descendance*, 1912, já referido; R. P. Patrick O'Reilly, "Le chanoine Paulmier Courtonne", in *Revue des Missions*, sept., 1932.

A referência completa da obra do Abade Jean Paulmier é a seguinte: *Mémoires touchant l'établissement d'une Mission chrestienne dans le troisième monde, autrement apellé la Terre Australe, Méridionale, Antartique & Inconnue, Dediez à Notre S. Père le Pape Alexandre III par un Ecclesiastique Originaire de cette mesme Terre*, Paris, Cramoisy, 1663, 1 v. in-8º, 216 pp. Obra rara, existente na Reserva da Biblioteca Nacional de Paris sob a cota 8º P 24.

As citações de Cabart de Villermont provêm de anotações manuscritas deixadas por ele num exemplar da obra do Abade Paulmier, que este lhe ofereceu em 1664.

Essas anotações foram transcritas por Charles de Brosses, que possuía o exemplar anotado por Villermont, na obra *Histoire des navigations aux Terres Australes*, Paris, Durand, 1756, 2 v. (pp. 117-9 do v. I).

As citações de Etienne de Flacourt provêm de *Histoire de la grande isle de Madagascar, composée par le Sieur de Flacourt, Directeur General de la Compagnie Françoise de l'Orient & Commandant pour Sa Majesté dans la dite Isles & és Isles adjacentes — Avec une Relation de ce qui s'est passé és années 1655-1656 & 1657, non encore veue par la première Impression*, Paris, Gervais Clouzier, 1661. A viagem de Gonneville e a história de Essomericq são aí relatadas, nas páginas 465 e 466.

É penoso cruzar as informações dessas obras, porque elas são freqüentemente divergentes, nos nomes e datas fornecidas, e alguns erros se repetem de historiador a historiador. Cada um deles aponta falhas nas informações dos outros, mas acaba por introduzir novos erros. A grande divergência se refere à esposa de Essomericq, ora chamada de Suzanne, ora de Marie, ora sobrinha, ora filha de Gonneville. Nesse caso, o mais prudente é ficarmos com as informações mais antigas, fornecidas pelo Abade Paulmier ou colhidas dele por seus contemporâneos, Flacourt e Cabart de Villermont. Em todos esses textos mais antigos diz-se que o Capitão não tinha filhos e que Essomericq casou-se com uma parenta do mesmo, sem especificar o grau de parentesco nem o nome da noiva. O documento relativo à genealogia dos Paulmier dá mais precisões, mas seu péssimo estado de conservação inclina à cautela. Boissais afirma, com base nesse documento, que a parenta do Capitão se chamava Marie Moulin e que Essomericq teria contraído outro matrimônio, mais tarde, do qual só teriam resultado filhas mulheres.

Sobre outro ponto, menor, Le Court e Boissais dão uma data aparentemente errada. Trata-se da data do casamento dos pais do Abade Paulmier, que eles situam em 13 de novembro de 1654 (Le Court, p. 9, e Boissais, p. 177). Ora, o Abade nasceu em 1632 e o caso de imposto de advena aconteceu em 1658, quando a mãe do Abade já era viúva e mãe de cinco filhos. O próprio Boissais, em outro passo (p. 172), dá a data de 1627, que parece ser a correta. Ao relatar a sucessão dos Paulmier eclesiásticos, Le Court diz que "Robert Paulmier foi o terceiro cônego de Lisieux de sua família" (p. 13); na verdade, ele foi o segundo, sendo a ordem a seguinte: Jean, Robert e Jean-Baptiste.

Para as questões relativas à "Nova França" (Canadá), ver: Marc Lescarbot, *Histoire de la Nouvelle France*, Paris, Jean Millot, 1609; Olive Patricia Dickason, *The myth of the savage*, já citado. Sobre o paralelo Brasil-Canadá, ver Frank Lestringant, "Les Indiens antérieurs (...)", in *Les figures de l'Indien*, pp. 66-7.

5

EM BUSCA DA TERRA DE GONNEVILLE

EM ALGUM LUGAR AO SUL

A obra do Abade Paulmier interessou a muita gente e não exatamente em razão de seu caráter piedoso: se nenhuma iniciativa missionária foi inspirada pelo memorando, algumas expedições colonizadoras foram tentadas, no século seguinte, em função dele.

A *Relação* completa continuava perdida nos papéis da família e nos arquivos da Marinha, que sofreram vários deslocamentos. Só o trecho transcrito pelo Abade e o resumo feito por ele do restante da viagem vieram a conhecimento público, no século XVII.

Fiando-se na informação errada do Abade, segundo o qual Gonneville *dobrou* o cabo da Boa Esperança, os cartógrafos do fim do século XVII e início do XVIII situavam aquela Terra Austral em diversos lugares. Já vimos que o mapa de Mayerne Turquet, de 166l, registrava um *País de Arosca* ao sul do oceano Índico.

Em 1683, o Cardeal d'Estrées mandou fazer dois globos, um terrestre outro celeste, com 3,88 m de diâmetro cada. Desses globos foram realizadas várias reduções e projeções, publicadas em Veneza pelo Padre Vincent Coronelli, num álbum intitulado *Globi diversi del P. Coronelli*. Nos mapas datados de 1688 e 1696, no paralelo de 50°, por volta de 47°30'S e 18°E da ilha de Ferro, lê-se: "Terra de' pappagalli, detta da' Francesi *Terre des Perroquets*, creduta favolosa" (Terra dos papagaios, chamada pelos franceses de *Terre des Perroquets*, acreditada fabulosa).

Em 1700, o engenheiro real Bion construiu um globo para Luís XV. Neste, abaixo da ilha de Tristão da Cunha, no Atlântico Sul, está escrito: "Gonneville a reconnu ces terres en 1503; il les nomma les Indes méridionales" (Gonneville reconheceu essas terras em 1503;

ele as chamou de Índias Meridionais). E num mapa-múndi inglês de 1759 — *Scientia terrarum et coelorum or the Heavens and Earth astronomically and geographically delineated and display'd*, de Samuel Dunn — estão indicadas, entre 55° e 75° a leste e a 52° ao sul a *Land of Parrot* e a *Gonneville's Land*.

Ora, essa Terra dos Papagaios, agora vizinha da Terra de Gonneville, já era registrada nos mapas do século XVI, ora ao sul da América (Schoener), ora ao sul da África (Mercator). No globo de Schoener, de 1520, ela é expressamente associada ao Brasil: "America vel Brasilia sive Papagalli Terra".

Essas oscilações são assim resumidas por d'Avezac:

> Os mapas do século XVI, e muitos do XVII, traçavam em volta do pólo antártico um vasto continente austral, projetando a linha presumida de suas margens até o Estreito de Magalhães, que ela costeava sob o nome de Terra do Fogo ou Brasil Inferior, e continuava em seguida a nordeste até um Cabo da Terra Austral, da qual se dizia simplesmente que era uma Terra Vista, não uma região explorada ou uma designação puramente conjetural, na vizinhança das ilhas de Tristão da Cunha e de Gonçalo Álvares; ela recebia mais adiante a leste, ao sul da África, o nome de Terra dos Papagaios, e continuava de modo onduloso através do Oceano Pacífico, até juntar-se à Terra do Fogo.

Era nesse "vasto continente austral", que contornaria todo o pólo sul, que a opinião corrente situava, até o século XVIII, a Terra de Gonneville, sem conhecer, entretanto, sua longitude.

Em 1756, Charles de Brosses publicou sua *Histoire des navigations aux Terres Australes*. De Brosses (1709-77) foi uma ilustre figura. Primeiro Presidente do Parlamento de Dijon, possuía uma grande fortuna pessoal. Magistrado e escritor abundante, indispôsse com Voltaire por causa de uma questão comercial, e este o afastou, com um veto rancoroso, da Academia Francesa à qual ele aspirava. O Presidente de Brosses teve de contentar-se, então, com uma cadeira na Academia das Inscrições e Belas-Letras, do Instituto de França.

Da extensa obra do Presidente de Brosses, só a citada nos interessa. No primeiro volume desta, ele dedica dezoito páginas ao Capitão de Gonneville. Bibliófilo que era, possuía o exemplar do livro do Abade Paulmier, oferecido por este a Cabart de Villermont; às anotações de Villermont, De Brosses acrescentou os comentários que o bibliófilo Falconest apusera a seu próprio exemplar da obra do

Abade, e as informações fornecidas pelo viajante e colecionador Conde de Caylus.

Como o senhor de Flacourt, no século anterior, De Brosses achava que se devia explorar esse continente austral ainda desconhecido onde, como já dissera La Popelinière no século XVI, deviam encontrar-se "coisas maravilhosas em prazeres, riquezas e outras comodidades da vida humana" e "toda espécie de bens e de coisas excelentes". Em sua obra *Les trois mondes*, de 1582, La Popelinière já afirmava que os franceses estavam persuadidos de que os espanhóis não tinham descoberto tudo o que havia por descobrir, e que "o mundo era suficientemente grande para revelar coisas ainda mais estranhas do que as já conhecidas".

Por isso, o Abade Paulmier, sua história familiar e seu memorando interessavam a De Brosses. Entretanto, um único ponto, decisivo, o irritava: "Devemos imputar-lhe um erro maior: o de ter omitido de nos indicar a latitude e a longitude das Terras Austrais [...] não é mais possível determinar, hoje, a justa posição dessa região".

A EXPEDIÇÃO DE BOUVET DE LOZIER

Em 1735, um brilhante oficial da Marinha a serviço da Companhia Francesa das Índias Orientais se dispusera a buscar aquela terra. Ele se chamava Jean-Baptiste-Charles Bouvet de Lozier, tinha trinta anos e era bretão. Bouvet de Lozier leu atentamente o livro do Abade Paulmier, e convenceu seus superiores do interesse existente em redescobrir aquele lugar de clima temperado, natureza fértil, gente acolhedora e, além disso, excelente escala nas rotas meridionais.

O Abade falava de uma declaração de viagem depositada na Sede do Almirantado, sem dizer de que cidade. O Conde de Maurepas, Ministro da Marinha e das Colônias, considerando que essa Sede só poderia ser a de Honfleur, a ela se dirigiu, solicitando a íntegra da *Relação*. Foi-lhe respondido que o Almirantado de Honfleur não possuía nenhum documento anterior a 1600. O ministro ordenou que se fizessem buscas aprofundadas em todos os cartórios da Normandia; mas nada foi encontrado. Tinham então de contentar-se com as vagas indicações do Abade Paulmier.

A iniciativa de enviar uma expedição foi discutida. O geômetra bretão Bénard de la Harpe enviou um parecer a Monsenhor de Vauréa Bispo de Rennes e político influente, e a Jean-Henri-Louis

Orry de Fulvy, dirigente da Companhia das Índias. La Harpe objetava que uma expedição ao sudoeste do cabo da Boa Esperança não poderia encontrar uma terra de clima tão ameno como aquela que descrevia Gonneville, e que na verdade este devia ter chegado à região que mais tarde seria a Virgínia ou Maryland. Com essa hipótese, a Terra de Gonneville sofria um novo deslocamento, enorme, e ia parar na América do Norte!

Mas os partidários da hipótese austral insistiram. Armaram-se então duas fragatas, *L'Aigle* e *La Marie*, que partiram de Lorient, sob o comando de Bouvet de Lozier, no dia 19 de julho de 1738. A rota inicial era a correta: foram em direção da ilha de Santa Catarina do Brasil. Só não podia ocorrer-lhes que aquela fosse exatamente a região explorada por Gonneville; mesmo porque, se o soubessem, nem caberia aí qualquer expedição colonizadora, já que o Brasil tinha dono, e um dono que repelira vigorosamente as tentativas francesas anteriores. Para Bouvet de Lozier, Santa Catarina seria apenas o ponto de partida de sua busca.

Dali, ele navegou em direção do Sudeste, e naturalmente nada encontrou de interessante. No local da pretensa Terra Vista, viu somente brumas e sargaços. Continuando para o Sul, navegou entre bancos de gelo e chegou, no dia 1º de janeiro de 1739, ao inóspito cabo da Circuncisão, ao qual chamou ilha Bouvet.

Depois de vagar por mais algum tempo naqueles mares gelados, o obstinado Bouvet subiu novamente, "com o objetivo de procurar a nordeste o lugar em que Gonneville abordou, e que sua relação diz estar em uma latitude igual à das províncias da França" ("Relation du voyage aux Terres Australes des vaisseaux l'Aigle et la Marie", in *Mémoires de trévoux*, 1740). Gonneville jamais indicara tal latitude, mas o que Bouvet tinha em mente era a doçura do clima descrito pelo Capitão, incompatível com a latitude quase polar em que ele, Bouvet, se encontrava. Obviamente, o oficial bretão não encontrou nada de novo mais ao norte, acabou desistindo e regressou à França.

A questão permanecia, entretanto, candente. Em 1752, mais um bretão, o grande matemático e físico Pierre Louis Moreau de Maupertuis retomou o assunto, em um trecho de sua *Lettre sur le progrès des sciences*. Referindo-se ao malogro da expedição de Bouvet de Lozier, ele considerava que a empresa tinha sido malconduzida, que haviam desistido muito rápido, e que ele poderia dar alguns conselhos para que ela tivesse êxito. Bénard de la Harpe continuava tendo suas próprias idéias a esse respeito, e publicou-as em 1754, na obra *Mémoire pour la France, servant à la découverte des Terres Australes, cinquième partie du Monde.* E foi porque o assunto se tornou tema de conversas nos círculos letrados que o Presidente de Brosses, acima referido, publicou a sua *Histoire des navigations aux Terres Australes*, em 1756. O naturalista Buffon, seu amigo, foi um dos instigadores da publicação. A hipótese do Presidente de Brosses era de que a Terra de Gonneville devia situar-se no meridiano das ilhas Molucas, portanto a sudeste da Indonésia.

Por tudo isso se vê que o interesse pelas Terras Austrais, e conseqüentemente pelas informações de Gonneville, continuava aceso.

A EXPEDIÇÃO DE KERGUÉLEN DE TRÉMAREC

O século corria, e a França conhecia dificuldades em seus projetos de expansão ultramarina. Desde 1712, a Companhia Francesa das Índias Orientais perdera seus privilégios de comércio com a Índia, a China e o Senegal; reconquistara-os depois, mas perdera definitivamente seu monopólio em 1769. Em 1760, cedera à Inglaterra uma vasta faixa da costa leste da Índia, incluindo o porto de Masulipatnam. Os portos de Pondichéry e Chandernagor também eram duramente disputados com os ingleses. Em 1763, fora obrigada a ceder, aos mesmos adversários, suas terras no Canadá, a margem esquerda do Mississippi e os territórios ocupados na Índia. A Marinha francesa estava seriamente enfraquecida. Era urgente buscar compensações em outras partes, e a suposta Terra Austral poderia ser, pelo menos, uma escala na rota do Oriente.

Várias expedições francesas percorreram, nessa época, os mares do Sul. O famoso navegador Bougainville, em sua volta ao mundo de 1766 a 1769, tentou, sem resultados, fundar uma colônia nas ilhas Malvinas. De volta à França, Bougainville trouxe o "seu" índio: um taitiano que, por ordem das autoridades coloniais, foi mandado de volta à sua terra um ano mais tarde. Levava-o o Capitão Marion Dufresne (mais um bretão nesta história). Numa escala em Madagáscar, o índio morreu. O Capitão Dufresne resolveu então alterar sua rota e buscar a Terra de Gonneville, que ele pensava encontrar a leste de Madagáscar. Achou apenas algumas ilhotas (ilhas do Príncipe Eduardo). Uma avaria acidental o fez então desistir da busca.

Enquanto isso, outra expedição procurava expressamente a Terra de Gonneville. No dia 10 de abril de 1771, outro capitão bretão,

Yves Joseph de Kerguélen de Trémarec, recebeu do Ministro da Marinha, De Boyne, a autorização de partida e um documento contendo instruções: *Mémoire du Roi pour servir d'Instructions particulières au sieur de Kerguélen, lieutenant de vaisseau, commandant de vaisseau le Berryer*. Aí se dizia:

> O senhor de Kerguélen está avisado do objeto principal de sua missão. A confiança que Sua Majestade tem em seus conhecimentos, seus talentos, seu zelo e sua atividade, determinou-a a dar-lhe preferência para tentar realizar uma das mais importantes descobertas que restam por fazer.
>
> O senhor de Kerguélen está informado de que há fortes indícios de que existe um enorme continente ao sul das ilhas de Saint-Paul e Amsterdam, e que deve ocupar uma parte do globo, desde os 45 graus de latitude sul até perto do Pólo, num espaço imenso onde ainda não se penetrou. Parece entretanto provado que o senhor de Gonneville ali abordou no ano de 1504, e aí passou cerca de seis meses, durante os quais foi muito bem tratado pela gente da terra.
>
> O senhor de Kerguélen, partindo da Ilha de França com a corveta que lhe será dada para servir à descoberta, fará velas em direção dessas terras. Ele fará todo esforço para as achar e reconhecer. Se conseguir descobri-las, buscará um porto onde possa estar ao abrigo. Tomará todas as precauções necessárias para descer à terra com segurança. Tratará de ligar-se, em comércio e amizade, com os habitantes. Examinará as produções do país, sua cultura, suas manufaturas, se as houver, e verá que partido se poderia tirar delas para o comércio do Reino. O senhor de Rochon, embarcado com o senhor de Kerguélen, fará observações astronômicas, na medida do possível, para determinar a posição dos diferentes lugares em que se deterão.
>
> Depois de ter percorrido essas terras, ou pelo menos ter feito o possível para as encontrar, o senhor de Kerguélen seguirá em direção do Rio de la Plata, para aí se reavitualhar e refrescar sua tripulação, e voltará, em seguida, à França.

Rochon, o astrônomo citado, não tinha muitas ilusões sobre a expedição. Mais tarde, quando narrou suas viagens, escreveu:

> Aquela instrução estava baseada numa narrativa extremamente vaga, e a partir da qual era impossível, mesmo ao mais hábil navegador, estabelecer uma rota que permitisse esperar redescobrir o lugar procurado. Não se pode conceber nenhuma dúvida razoável acerca da existência das terras encontradas pelo Capitão de Gonneville, mas é preciso convir que não é sobre informações tão vagas quanto as que ele deu que devemos nos basear, para buscar as pegadas de um nave-

gador que não fixou nem a latitude, nem a longitude, nem mesmo a área de vento da rota que ele seguiu.

Apesar das advertências de Rochon, Kerguélen partiu de Lorient, em 1º de maio de 1771. Cético, o astrônomo abandonou a expedição na escala de ilha de França (antigo nome da ilha Maurícia). Em janeiro de 1772 Kerguélen deixou esta ilha e começou sua viagem de descoberta. Ele acreditava que Gonneville tivesse arribado a sudeste do cabo da Boa Esperança ou ao sul de Madagáscar. Encontrou por lá uma ilha pequena, a que deu o nome de La Fortune, e uma outra maior, que recebeu o seu nome. Voltou à França em julho do mesmo ano e, animado com as pequenas descobertas que fizera, armou uma segunda expedição, que partiu em março de 1773. Retornou às mesmas paragens austrais em que já estivera e aí não encontrou mais nada além da desolada ilha de Kerguélen. Ficou definitivamente desanimado e voltou para casa, em setembro de 1774.

Em sua *Relaction de deux voyages dans les mers australes et des Indes,* publicada em 1775, ele conclui:

> Tudo o que a tradição nos ensina sobre a viagem do senhor de Gonneville e sua escala numa pretensa terra austral se aplica perfeitamente a Madagáscar, e não pode referir-se a nenhuma outra terra austral; pois não é possível dispensar vestimentas, mesmo a 35° sul; e sabemos que não há nenhuma terra nas proximidades do Cabo da Boa Esperança a menos de 50°. Aliás o bom passadio, a vida alegre dos hospedeiros do senhor de Gonneville, que ele chama de Índios, seu hábito de não usar roupas, seus artefatos, suas plumas, suas tranças, suas guerras etc., tudo isso indica que o senhor de Gonneville chegou à Ilha de Madagáscar. As madeiras que ele aí encontrou para refazer seus mastros, e que não se encontram nas ilhas austrais, nem mesmo nas extremidades da África, confirmam minha opinião.

Assim malgraram todas as buscas da Terra de Gonneville. Também pode-se pensar que o Capitão devia estar se revirando na tumba, ao ver tantos bretões cobiçando sua Terra. Depois de sua triste experiência com o pirata Mouris Fortin, o normando não devia ter muita simpatia por seus vizinhos.

O SUSPEITO BARÃO DE GONNEVILLE

Estamos em 1783. O rei é Luís XVI, desde 1774. O poder real já é duramente contestado; os desmandos, a corrupção, o nepotismo e a carestia predispõem o povo à sublevação. Rousseau e Voltaire tinham morrido cinco anos antes, Diderot viveria pouco mais; a publicação da *Enciclopédia* chega a seu termo. Em Versalhes, a festa continua, como se nada pudesse interrompê-la. E alguns, aparentemente alheios à grande mutação histórica que se aproxima, continuam interessados na questão das Terras Austrais.

O Ministro da Marinha é Charles-Eugène-Gabriel de La Croix, Marquês de Castries e Marechal de França. Era um ministro muito ativo, preocupado com a recuperação da frota e do prestígio marítimo de seu país. Em março de 1783, ele recebe a seguinte carta:

> Monsenhor. Como sei que desenvolveis as mais profundas pesquisas sobre a navegação e o comércio marítimo, para fazer da França o mais florescente dos reinos, permiti que eu coloque sob vossos olhos uma descoberta feita no começo do século XVI, a descoberta das Terras Austrais pelo Capitão de Gonneville, que depositou sua relação no tabelionato do Almirantado de Honfleur, no dia 19 de julho de 1505.
>
> [Segue um breve resumo da viagem.]
>
> Esse Capitão tentou fazer uma viagem no tempo fixado para executar sua promessa, mas encontrou tantos obstáculos que não pôde penetrar naquele país, por causa das neves e dos gelos, e foi obrigado a voltar à França com o filho daquele Rei, do qual fez em seguida seu genro, depois de o ter batizado em 1514.
>
> [Sobre a *Relação*:]
>
> Nós a possuíamos, outrora, na família, mas ela se perdeu com outros papéis daquele tempo. Seria talvez possível descobri-la em mãos dos possuidores atuais da propriedade de Gonneville, situada a uma légua de Honfleur. Se vós me autorizais a engajá-los a procurá-la em seus documentos antigos, talvez ela aí se encontre; pois no tabelionato daquele Almirantado não se acha nada a respeito desde 1504, tendo as minutas passado a mãos de particulares que representavam os sucessivos tabeliães, até 1670, quando o Senhor Almirante se tornou proprietário desses registros. E parece que aqueles particulares, que não tinham interesse em os conservar, os expuseram à ruína dos tempos [...]

A carta, que não tem uma redação muito firme, do ponto de vista ortográfico e sintático, levava a assinatura de um *Barão de Gonneville*. Ora, desde a gestão anterior, do Conde de Maurepas, entre 1723 e 1749, as autoridades buscavam, inutilmente, a *Relação*. O Marechal de Castries se interessou pelas informações do Barão e respondeu-lhe favoravelmente, autorizando-o a procurar os documentos junto aos novos donos da propriedade de Gonneville. Mais do que isso: determinou que ele conseguisse, pelos meios que julgasse necessários, tudo o que pudesse esclarecer aquela viagem.

O Barão se desincumbiu rapidamente da tarefa. No dia 30 de abril mandou ao Marechal uma "cópia da relação", acompanhada da seguinte carta:

> [...] Tenho a honra de enviar-vos uma cópia de sua relação depositada em 1505 no tabelionato do Almirantado de Honfleur e que se achava, por acaso, nos papéis da família. Ela foi feita por um dos descendentes do Rei Arosca, que se casou com a filha daquele oficial da marinha, e serviu de matéria principal de seu trabalho impresso em 1663, dedicado ao Papa Alexandre VII, com o objetivo de animar aquele Pontífice a lá enviar missionários [...]
>
> O historiador Bernardim Pacheco atribui a honra dessa primeira descoberta aos normandos, que eram verossimilmente o Capitão de Gonneville e as pessoas de sua tripulação, que ele diz serem os primeiros inventores das regiões meridionais; era um português que conhecia muito bem a história dessa viagem e a das descobertas precedentes [dos normandos], as Ilhas Canárias e partes da África. [...]
>
> [Seguem considerações sobre as Terras Austrais.]
>
> Tal distinção é o fruto de um estudo particular da Geografia e da navegação que me ocupa atualmente, e sobre o qual terei muitas observações a fazer em tempo oportuno [...]

Ora, o texto do documento então enviado pelo Barão não é o mesmo que hoje conhecemos como sendo o da *Relação*. É um relato sucinto da mesma viagem, um resumo da *Relação* (que transcreverei e comentarei mais adiante).

O Barão termina sua carta perguntando se deve continuar sua pesquisa. O Marechal de Castries lhe responde, já um pouco irritado, que o documento enviado não traz nenhuma novidade, pois é o mesmo que o Presidente de Brosses publicara em seu livro. Ao que tudo indica, o Marechal ou seus adjuntos leram mal o documento do Barão, que era realmente inédito. Este não esmoreceu, e enviou, dia 23 de maio, outra carta:

> [...] Se vós reconhecestes que ela [a *Relação*] era a mesma que está inserida no Tratado dos Navegadores do Presidente de Brosses, tomo a liberdade de observar que este último somente a retirara de um livro de 1663, onde ela fora referida apenas com os usos e costumes dos índios, sem nenhum roteiro.
>
> [Segue uma recapitulação do que se sabe sobre as Terras Austrais.]

O Capitão de Gonneville abordou uma dessas regiões em janeiro de 1504 e ali permaneceu por seis meses e trouxe de lá para a França o príncipe Essomerick [sic] de quem fez seu genro, que deixou posteridade e morreu muito velho em 1583, cujos descendentes foram conhecidos das mais respeitáveis personagens do século XVII como o Beato Vicente de Paula, os Bispos de Heliópolis e de Cérite [sic].

[...] Num antigo mapa encontrado nos papéis domésticos, feito depois de 1520, há a indicação do círculo Antártico e da dita Terra do Fogo e da Terra dos Papagaios, perto da qual estava aquela encontrada pelo Capitão de Gonneville.

[...] Cabe a vós, Monsenhor, dizer-me francamente se devo desenvolver essa alternativa [...] Trata-se de um projeto que não concebi senão pela glória do Soberano e da Nação [...] Não tenho outro objetivo senão a verdade; outro motivo, senão o bem geral, nenhum interesse pessoal, que deve ceder ao patriótico, e é nisso que eu concentro unicamente minha visão [...]

O estilo do Barão não melhorou; mas sua eloqüência, que cheira a demagogia, vai num crescendo. Aparentemente, o Ministro não lhe deu mais atenção, mas ele continua insistindo. No dia 6 de junho escreve outra carta, em que relata ter estudado todos os documentos concernentes à descoberta das Terras Austrais, desde Gonneville, e conclui: "Eu vos suplico que me ponhais à prova em pesquisas mais profundas e mais detalhadas. Estai persuadido de que não almejo, nisso, mais do que a satisfação de vos servir e de vos provar o quanto vos sou devotado".

Depois dessa, o Barão enviou ainda uma última carta, longa e curiosa. Esta traz, nos arquivos manuscritos da Biblioteca Nacional de Paris, a data de 12 de setembro de 1789. O Marechal de Castries tinha deixado de ser ministro da Marinha em 1787; o novo Ministro era o Conde de la Luzerne que, em vista dos acontecimentos, não devia estar podendo fazer grande coisa. Só como lembrete: em agosto fora proclamada a Declaração dos Direitos do Homem e, no início de outubro, Luís XVI seria preso.

O teor da carta indica que se trata da imediata continuação dos assuntos tratados nas precedentes. Por isso, pergunto-me se a carta é mesmo de setembro de 1789, ou de setembro de 1793, sendo o 3 facilmente confundível com o 9 num manuscrito. A única mudança visível na carta, com relação às anteriores, é o tratamento, que passa de *Monseigneur* a um mais plebeu *Monsieur*. Como não podemos elucidar essa questão do destinatário, e sobretudo porque esta é afinal irrelevante (num caso ou no outro o destinatário é o Ministro da Marinha), passemos à carta. Diz ela:

Senhor.

Como é belo ilustrar sua nação, quando se pode provar as vantagens que ela possui sobre as outras pela importância de suas descobertas. Os franceses abordaram as Terras Austrais antes de todos os outros navegadores europeus, sua viagem de 1504 deve marcar época na história das Índias Meridionais [...]

Mas como, dirão todos, é possível que a navegação de um tão nobre e tão corajoso francês tenha permanecido praticamente obscura durante quase três séculos! Respondo que isso não deve espantar-nos, era a navegação de uma pessoa privada, que ficou por assim dizer ofuscada pelo brilho de uma expedição mais alta, feita às custas de um grande Soberano, que tinha sido prosseguida com uma perseverança coroada pelo êxito, honrada por tantas penas, divulgada por tantas bocas.

O Barão aí se refere à expedição de Fernão de Magalhães, patrocinada por Carlos V. Visivelmente, ele deseja meter em brios as autoridades francesas. Prossegue, pois, de maneira eloqüente: "Foi assim que a voz de um normando que só reclamava então a utilidade do comércio marítimo foi abafada; mas farei com que essa voz se eleve, hoje, pelo órgão de um de seus descendentes, e que ela esteja apoiada tanto sobre testemunhos públicos quanto sobre privados".

Passa à exposição das provas da viagem de Gonneville. A primeira prova é a declaração de viagem depositada na Justiça. A segunda é a descendência de Essomericq:

O filho do Rei Arosca, de quem o Capitão fez seu genro, verdade bem conhecida na Normandia pela posteridade que ele aí deixou e que foi bem conhecida, tal como vou demonstrar-vos:

*

Arosca I, rei das Terras Austrais em 1504.

*

Arosca II, chamado Essomerick, que desposou a Senhorita Suzanne de Gonneville em 1521.

*

Arosca III, que desposou Marie-Catherine Andréa em 1572.

*

Arosca IV, que desposou Charlotte de Graville em 1596.

*

Olivier Arosca V, que desposou a Senhorita Marie Madelaine de Collet em 1626.

*

Jean, que foi abade de Gonneville, nascido em 1636, autor do tratado de 1663.

*

Esse ramo índio se extinguiu quanto à masculinidade, ele só sobrevive na descendência de Charlotte Arosca, que foi casada com o Marquês de la Barben.

Quanto ao Capitão de Gonneville, ele ainda é representado pelos bisnetos de sua filha Marie, irmã de Suzanne. Não se encontrariam talvez tão facilmente, nas Colônias, os Vespúcio, os Cortez e os Drackes, descendentes de suas linhagens masculina ou feminina.

Se acreditais, Senhor, que essa anedota pode figurar em vossos arquivos, peço-vos que ali a insirais, menos para honrar a família do que para enaltecer os fastos da marinha que tenho a honra de vos enviar, porque sei que todos os portugueses, espanhóis, ingleses e holandeses se vangloriam de terem sido os primeiros a penetrar nas regiões do Sul, e que nos censuram por querermos concorrer com eles na partilha de suas conquistas.

Como as precedentes, essa carta é assinada: *Baron de Gonneville, rue de l'Oursine (ou de Loursine) n.º 9, Paris.* O Barão estava visivelmente interessado em açular o orgulho dos franceses contra os outros povos europeus, mais felizes do que eles em suas conquistas.

Que pensar desse Barão e de suas informações? D'Avezac acha-o, por todas as razões, suspeito. Acredita que ele era "um pobre gentilhomem desejoso de conseguir um título ou alguma pensão". Margry, que encontrou em 1847 os documentos do Barão, diz que este, "não tendo outra fortuna senão o bom renome dos seus, e aborrecido pelo fato de contestarem a seu antepassado a honra de seus feitos", teria então escrito aquelas cartas.

Na verdade, o Barão é bastante suspeito, e as histórias que conta em suas cartas são dignas de um Barão de Munchausen. Vejamos os pontos duvidosos de suas informações, que, ora são equivocadas, ora parecem decididamente mentirosas.

Na primeira carta, ele se engana quando diz que a relação foi depositada no Almirantado de Honfleur; mas, naquele momento, nem as autoridades sabiam que estava em Ruão. Em seguida, ele diz que o Capitão fez outra viagem, para cumprir a promessa de devolver Essomericq, mas que "não pôde penetrar naquele país, por causa das neves e dos gelos"; tal invenção parece sugerida pelos malogros de Bouvet de Lozier e de Kerguélen, cujas navegações em águas geladas (e erradas) o Barão conhecia. Diz, em seguida, que

Ilha de Santa Catarina, ilustração de *Viagem ao Brasil*,
de Hans Staden, 1557.

A viagem, ilustração de Hans Staden.

Chegada de uma nau, em *Isole trovate novamente*,
de Giuliano Dati, 1493.

ROTA DA VIAGEM DE GONNEVILLE

IDA

24 de junho de 1503 — partida de Honfleur
12 de julho de 1503 — Canárias
30 de julho de 1503 — Cabo Verde
9 de agosto de 1503 — partida de Cabo Verde
12 de setembro de 1503 - passagem do Equador
9 de novembro de 1503 - caniços flutuantes
6 de janeiro de 1504 - chegada à costa de Santa Catarina

VOLTA

3 de julho de 1504 — partida de Santa Catarina
10 de novembro de 1504 — Porto Seguro
dezembro de 1504 — Bahia
10 de fevereiro de 1505 — passagem do Equador
9 de março de 1505 — Açores
7 de maio de 1505 — Guernesey-Jersey: ataque dos piratas
20 de maio de 1505 — chegada a Honfleur

RELAÇÃO LONGA - IDA

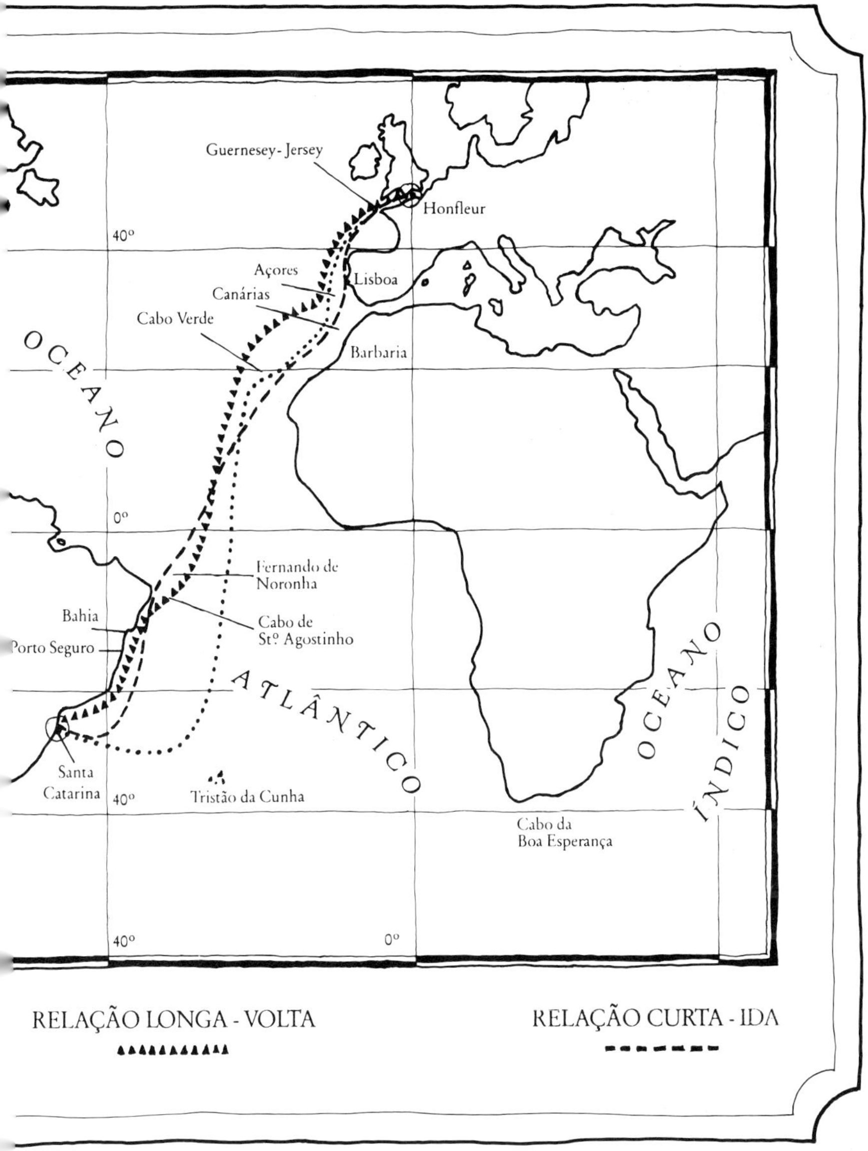
Guernesey- Jersey
Honfleur
40º
Açores
Lisboa
Canárias
Cabo Verde
Barbaria
OCEANO
0º
Fernando de Noronha
Bahia
Cabo de Stº Agostinho
Porto Seguro
ATLÂNTICO
OCEANO ÍNDICO
Santa Catarina
40º
Tristão da Cunha
Cabo da Boa Esperança
40º
0º
RELAÇÃO LONGA - VOLTA
RELAÇÃO CURTA - IDA

Carijós, ilustração de *Vera Historia...*, de Ulrich Schmidl, 1599.

Tupinambás, ilustração de *Viagem à Terra do Brasil*,
de Jean de Léry, 1578.

A festa de Ruão em 1550.

Essomericq se tornou *genro* do Capitão, e que foi batizado em 1514, o que sabemos ser falso, mas que ele podia supor, baseado nas vagas informações do Abade Paulmier. Refere-se, em seguida, à propriedade de Gonneville (*terre de Gonneville*), que já não pertencia a sua família, e onde ele buscaria o documento perdido. Ora, os pesquisadores posteriores são unânimes em dizer que a família Paulmier jamais foi proprietária do feudo de Gonneville, mas sim do feudo de Bucquet, no lugarejo chamado Gonneville. Ainda assim, concedamos que o Barão se referia à verdadeira ex-propriedade dos Paulmier, que efetivamente saíra de suas mãos no fim do século XVII.

Na segunda carta, o Barão começa a pôr as manguinhas de fora, quando anuncia suas altas e, por enquanto, secretas pesquisas de geografia e navegação. Começa a tratar da descendência de Essomericq, mas faz um tal amálgama que o Abade Paulmier parece ser, agora, o genro do Capitão.

Na terceira, dá mais informações sobre Essomericq. No geral, essas informações são as que fornecera o Abade Paulmier. Mas o Barão precisa que o Capitão casou o índio com sua *filha*, o que vários historiadores repetirão posteriormente. A única fonte dessa informação de que o Capitão tinha uma filha é exatamente o Barão. Já vimos que os contemporâneos do Abade, Flacourt e Cabart de Villermont, diziam que o Capitão *não tinha filhos* e que casou Essomericq com uma *parenta*. Ora, na última carta, o Barão irá além: dirá que o Capitão tinha duas filhas, Suzanne, que se casou com o índio, e Marie, cuja descendência ele deixa no vago. Por quê? Provavelmente porque, se, como se suspeita, ele esperava benefícios do fato de ser descendente do glorioso Capitão, este devia ter uma outra filha, sua antepassada. As cartas vão se tornando cada vez mais patrióticas, e a excessiva ênfase que o missivista põe em seu desprendimento pessoal justifica, paradoxalmente, as suspeitas de Margry e de d'Avezac.

Em sua última carta, o Barão se supera. A fantástica estirpe dos Aroscas (I, II, III, IV e V) não corresponde a nenhum título que os Paulmier tenham jamais reivindicado. E, aliás, além de os Paulmier nunca terem adotado o nome de Arosca, nenhum deles usou mais, desde o Capitão, o sobrenome de Gonneville, mas o de Courtonne, o que torna o próprio título do Barão um mistério.

Resta um mistério maior: a cópia da *Relação* que ele enviou ao Ministro da Marinha, e que veremos em seguida.

A "RELAÇÃO" DO BARÃO

O documento encontrado pelo Barão de Gonneville nos "papéis da família" diz o seguinte:

> No dia dezenove de julho de mil quinhentos e cinco, o Capitão de Gonneville e a gente de sua tripulação, embarcados no navio...........: o burguês empreendedor da armação, no mês de junho de mil quinhentos e três, advertido pelo senhor procurador do Rei a fazer sua declaração de viagem por ocasião de nossa volta, junto com a queixa da pirataria sofrida pelo dito navio por parte de um corsário inglês, à vista das costas de França, perto de Jersey e Guernesey, dos diários, mapas, papéis, diversas pinturas e desenhos, e cerca de cem quintais de mercadorias, raridades, curiosidades e outras coisas de valor. Dizem que, tendo levantado âncora no dito mês de junho, em virtude dos rumores sobre as riquezas dos portugueses no Novo Mundo e com o intento de achar, neste, um maior continente, do porto de Honfleur, na desembocadura do Sena, dirigimo-nos diretamente ao de Lisboa, passamos à Grande Canária, e dali às costas ocidentais da África, chamadas Cabo Verde, no decorrer de agosto, e depois, corrido o Brasil, fizeram uma travessia de mais de oitocentas léguas sem ver nenhuma terra, com a maior dificuldade do mundo, sempre maltratados pela chuva, a tempestade em grandes trevas, a ponto de temerem por suas vidas, e tiveram grande medo, embora o dito Capitão fosse muito sábio em navegação, e foram forçados a dobrar o Cabo de Agostinho. Era em novembro, e nessa carreira para o sul percorreram cerca de seiscentas léguas, o menos mal que podiam; mas estando nesta viagem à altura do Cabo das Tormentas, batidos por vento furioso, sempre excessivo, sem avistar nenhuma baía, foram abandonados à calma de um mar que não conheciam e nem podiam adivinhar qual fosse, sem saber para onde se voltar, não podendo aproximar-se das costas e perdendo-as de vista, de sorte que lhes faltava ânimo e coragem para prosseguir em seu intento. Sem outro socorro a não ser o de seus instrumentos para ver a elevação do sol e chegar a um feliz achado. Mas tendo ao mesmo tempo notado alguns pássaros que vinham do lado do sul, sem poder reconhecê-los muito bem, indício de um continente próximo, para esperar encontrar logo uma terra onde tinham grande necessidade de aportar, por causa dos consertos, da água e da falta de víveres, eles amainaram todas as velas e correram em boa velocidade, com um bom vento do sul, no que os homens trabalhavam com todas as suas forças, até que enfim, esgotados e muito fatigados, avistaram um continente em janeiro de mil quinhentos e quatro, em volta do qual revoava uma grande quantidade dos ditos pássaros, e esvoaçavam ao derredor, e entre eles havia muitos papagaios de diversas cores, o que os alegrava e os enchia de satisfação, a tal ponto que eles saltavam de alegria e de contentamento. Depois eles ficaram muito

espantados de ver um rio muito belo e muito grande, que se parecia com o Orne, que banha os muros de Caen na província da Normandia. Ali permaneceram, para os ditos consertos e aprovisionamento do dito navio, bem estragado e desprovido de tudo, pelo período de seis meses mais ou menos, durante os quais percorriam freqüentemente as terras e iam visitar as aldeias e os habitantes daquele país e suas cabanas, do qual Nicole Lefebvre desenhou o mapa. Após essa permanência, com o navio bem calafetado e carregado, partiram da dita região no dia três de julho de 1504, e depois só viram terra no dia seguinte ao de São Dinis, tendo sofrido diversas fortunas e sido muito atormentados por febres, das quais vários foram atacados e morreram no navio, retomaram sua rota e navegaram até o momento em que foram pirateados e perderam tudo.

Juntamente com esse texto, o Barão enviou ao Marechal de Castries uma cópia do capítulo em que o Abade Paulmier transcreve parte da outra relação, e acrescentou uma anotação final: "A dita relação foi assinada pelo Capitão de Gonneville, por Essomerick filho do rei Arosca, Antoine Thiéry, Andrieu de la Mare, burguês empreendedor da armação, Nicole Le Febvre etc.".

Sobre essa segunda relação, fornecida pelo Barão, há duas ordens de considerações a fazer: 1) as diferenças que ela apresenta no confronto com a relação extensa; 2) as dúvidas que ela suscita quanto a sua autenticidade.

Quanto à primeira questão: trata-se, indiscutivelmente, da mesma viagem, mas com algumas diferenças relevantes. Primeiramente, a data da declaração, 19 de julho de 1505. A data da relação extensa é 19 de *junho* do mesmo ano. Ora, o Abade Paulmier também dá a data de 19 de *julho*. Como explicar essa diferença? Pode ter sido um engano de transcrição do Abade, repetido pelo Barão. Pode também ser uma nova versão da relação, redigida um mês depois; como efetivamente é outra versão, e bastante resumida, podemos pensar que esta pode ter sido escrita pelo próprio Capitão, para ficar em seus arquivos pessoais, como um lembrete do que ele declarou à Justiça. Note-se que a versão extensa, redigida por um escrivão, tem uma redação muito melhor do que a versão resumida, onde o sujeito muda freqüentemente da primeira para a terceira pessoa do plural e a pontuação não tem muita lógica.

Quanto ao conteúdo: primeiramente, só o pirata inglês é referido. As diferenças seguintes serão mais importantes. São indicados, como motivos da viagem, "as riquezas dos portugueses no Novo Mundo (*nouvel monde*)", e o "intento de achar, neste, um maior continente", quando, na relação extensa, se fala das Índias Orientais. A diferença é relevante, porque alteraria a idéia de que o único objetivo de Gonneville fosse o de ir para o Oriente.

Mas é sobretudo a rota do *L'Espoir* que apresenta notáveis diferenças. Primeiramente, há uma escala em Lisboa, que não é mencionada na relação extensa. Depois é sugerida uma outra nas Canárias, enquanto na relação extensa a escala é em Cabo Verde. O Cabo Verde aqui referido não designa as ilhas mas, muito claramente, "as costas ocidentais da África chamadas Cabo Verde". Vem então uma expressão espantosa, sobre a qual os historiadores posteriores nada puderam concluir: "corrido o Brasil (*le Brésil couru*)". O nome Brasil ainda não era corrente para o nosso país em 1505. Capistrano de Abreu diz que ele aparece em 1503. Numa carta de Giovanni de Empoli, que viajou com Afonso de Albuquerque em 1503, aparece "Vera Cruz ou Brasil". Mas o primeiro mapa conhecido em que o país é assim denominado é o de Girólamo Marini, de 1512. Nos anteriores ele é chamado de Vera Cruz ou Santa Cruz. No mapa de Cantino, de 1502, aparece o topônimo Brasil ao lado de Vera Cruz.

O emprego do nome Brasil por Gonneville foi evocado por historiadores franceses, Gaffarel em particular, para reforçar a tese de que foram os franceses que assim batizaram nosso país. Entretanto, o nome existia desde a Idade Média, designando uma ilha do arquipélago dos Açores (*Bracir*, *Brazill*), de onde viria a madeira para tingir. Na posição em que aparece a expressão "corrido o Brasil", nesta minirrelação, bem poderia tratar-se dessa ilha.

Durante o tempo em que o nome de nosso país oscilou entre Vera Cruz, Santa Cruz e Brasil, o último era o usado pelos comerciantes. De qualquer maneira, só no fim do século XVI este se firmou em detrimento dos outros.

Mais interessante é a designação do cabo de Santo Agostinho (*le chapo d'Augoustin*), na costa de Pernambuco, que eles foram "forçados a dobrar". O nome desse cabo era recentíssimo, dado pela expedição portuguesa de 1501 da qual participara Vespúcio. Os espanhóis, que pretendiam tê-lo descoberto antes, o chamavam de Santa Maria de la Consolación. Mas, como já se sabe, os informantes de Gonneville eram portugueses.

A tempestade de novembro, que os assusta nessa altura, é a mesma referida na relação extensa. Mas a rota é bem diferente daquela que a última deixa supor. A "volta" efetuada pelo *L'Espoir* teria tido lugar logo abaixo do equador, e a descida do Atlântico teria sido ao longo da costa brasileira. Seiscentas léguas adiante, eles estão à altura do cabo da Boa Esperança (*cap tourmente*). Detalhe importante: não é dito que estão perto dele, mas apenas *à altura*. É um dado de latitude, não de longitude. Caso se mantenha, apesar de tudo, a hipótese de que eles se aproximaram do cabo da Boa Esperança, como é sugerido pela relação extensa, para chegar finalmente à costa sul do Brasil, a rota seguida por eles teria a forma de um grande S. Os historiadores e geógrafos que estudaram as duas relações não dão muita importância a essa grande diferença de rota. Ora, a rota da relação curta indica: 1) que o verdadeiro objetivo deles não era o Oriente, mas o *nouvel monde*, e que, em nenhum momento, pretenderam dobrar o cabo da Boa Esperança; 2) que eles conheciam muito bem a costa brasileira.

Como explicar essa notável diferença? D'Avezac acredita que pode ter havido duas declarações, uma apresentada a 19 de junho em Ruão (a relação extensa), outra a 19 de julho em Honfleur (a relação curta fornecida pelo Barão). Mas podemos levantar uma outra hipótese. Se a relação curta era um texto privado do Capitão, a diferença pode indicar que ele não deu as informações corretas ao Almirantado de Ruão, desejando talvez, como tantos navegadores da época, manter para si alguns segredos. E o caminho do comércio de pau-brasil era um segredo valioso para um comerciante. O verdadeiro objetivo de sua viagem seria a América, e, nesta, aquela parte que mais tarde se chamaria Brasil. Não se pode, entretanto, chegar a nenhuma conclusão definitiva. Só podemos observar que a diferença entre as duas relações é extremamente sugestiva, e que ela cria, com relação à viagem de Gonneville, o mesmo eterno problema criado pela de Cabral: o Brasil é atingido por acaso ou por deliberação? descoberta ou "achamento"?

Vejamos a continuação. Vem a tempestade, seguida de calmaria, como na relação extensa. E então aparecem os pássaros, e um "bom vento do sul" não mencionado na outra relação. A referência a esse vento é importante para se entender como eles vieram dar à costa brasileira. D'Avezac sublinha a veracidade das indicações: as tempestades, freqüentes na altura do cabo da Boa Esperança; a calmaria da zona de Capricórnio; e um vento sudoeste, constante na costa sul do Brasil. "Amainaram as velas (*amenèrent les voiles*)" é, porém, estranho, já que o mais normal, no contexto ("correram em boa velocidade"), seria levantá-las.

Quanto aos pássaros, curiosamente estes são mais bem descritos no resumo do que na relação extensa; fala-se dos papagaios e da reação psicológica dos marinheiros. A relação extensa diz apenas "vários pássaros" e cala quanto ao que sentiram os navegadores. Os papagaios são sinal inequívoco de que se trata mesmo do Brasil. A Terra dos Papagaios, cuja localização varia nos mapas dessa época, acabou sendo identificada com nosso país. A pequena cena então descrita tem a graça de um quadro primitivo: os marinheiros saltando de alegria sob uma revoada de pássaros coloridos. A anotação seguinte mantém o mesmo registro psicológico ausente da relação extensa: "Depois eles ficaram muito espantados (*vivement ebahis*) de ver um rio muito belo e muito grande". A comparação com o Orne é a mesma.

A partir daí, o relato se precipita, reduzindo fortemente as observações sobre a terra encontrada e sua gente. A partida no dia 3 de julho de 1504 confere rigorosamente com a indicada na relação extensa, assim como a referência às febres. E o fim da história é aceleradíssimo, ganhando, involuntariamente, um sabor especial: "e navegaram até o momento em que foram pirateados e perderam tudo". O desastre do *L'Espoir* foi súbito e total. A última frase despenca em direção ao silêncio, num verdadeiro naufrágio do discurso.

Vejamos agora a segunda questão, a da autenticidade do texto fornecido pelo Barão. A primeira tendência é de colocar sob suspeita tudo o que vem do Barão, já que as informações de suas cartas são duvidosas e o tom das mesmas, interesseiro. A nota que ele acrescenta à sua relação também é cheia de erros. Ele diz que assinaram a declaração, entre outros, Essomericq (que teria sido alfabetizado a bordo?!) e Nicole Le Febvre que, coitado, morrera no caminho. E, sobretudo, o que ele apresentou foi uma cópia, e não o próprio documento.

"Que fé pode merecer o Barão de Gonneville?", pergunta d'Avezac. E responde: "Pouca, acreditamos, mas concedendo de boa vontade que isso se deve mais à sua leviandade e ignorância do que à intenção de enganar".

É difícil imaginar que o Barão inventou o documento. Teríamos de reconhecer que ele era um falsário genial, capaz de escrever um texto na língua do começo do século XVI, e de inventar pormenores da viagem que agora sabemos serem verdadeiros, mas que ninguém conhecia no século XVIII. E, principalmente, como explicar que a hipótese Brasil, que ninguém, nem o próprio missivista, levantava naquele momento, se delineie aí com tanta clareza? Lembremos que o Barão estava convencido de que as Terras Austrais estavam bem mais ao sul, na região polar.

É necessário reconhecer, como fizeram os historiadores que mais tarde elucidaram o mistério da Terra de Gonneville, que algum documento autêntico o Barão teve em mãos, o que leva a admitir também que algum parentesco ele tinha efetivamente com os Paulmier. Sua "relação" permanece como um documento fundamental e, ao mesmo tempo, duvidoso. Ela nos faz pensar, devanear, se se quiser; mas não é sólida como fundamentação de conclusões históricas. Nem o texto é totalmente fiável, por se tratar de uma cópia manuscrita feita pelo Barão.

Todas essas incertezas vêm lembrar-nos, uma vez mais, que a História é um conjunto de discursos, e que a "verdade dos fatos" se altera de um documento a outro, ainda que mais não fosse pelas diferenças no modo de narrar, o qual varia segundo o emissor e o destinatário virtual. Em se tratando de um episódio menor da história, como este que aqui nos ocupa, as incertezas são maiores pela escassez de documentos, e até mesmo pelo estado dos mesmos, recopiados como a relação do Barão, ou danificados como a genealogia dos Paulmier. A história se esvai, literalmente, nos buracos do discurso. Documentos privados, como estes, tinham evidentemente menos chance de conservação do que os da Coroa ou da Igreja.

Essa nova relação, condensada, altera consideravelmente a confiança que tínhamos nos dados da primeira. Ela é como um espelho côncavo, ou uma fotografia em tamanho reduzido, que à primeira vista reproduzissem o original e, bem observados, se revelassem muito diversos. Comparar a relação curta com a longa é uma espécie de "jogo dos erros", que nos obriga a reler, mais uma vez, o texto longo já tão obsessivamente analisado. E terminar com ainda menos certezas.

Quanto ao Barão de Gonneville, sobre o qual nada sabemos, a não ser que morava na rue de Loursine e que desejava cair nas boas graças das autoridades, ele é um mistério a mais na história da busca da Terra de Gonneville. Sua intervenção introduz nessa história um toque de mistificação e de fanfarronice que não deixa de ter certa graça.

A IDENTIFICAÇÃO DA TERRA DE GONNEVILLE

Como as autoridades não deram maior atenção às informações do Barão, e questões internas mais candentes solicitavam todas as suas diligências, não foi mandada mais nenhuma expedição à procura das Terras Austrais. Alguns estudiosos, apenas, continuavam levantando hipóteses.

Em sua *Histoire abrégée de la mer du Sud*, publicada em 1791, Jean-Benjamin de la Borde exprimia a idéia de que a Terra de Gonneville devia estar entre 50° e 60° de latitude sul, perto da Nova Zelândia. A maior parte dos interessados no assunto, entretanto, concordava com Kerguélen, considerando que Gonneville tinha chegado a Madagáscar e que, portanto, não havia mais nada a procurar nem a esperar.

Durante a primeira metade do século XIX, repetiu-se essa opinião. Encontramo-la em 1803 e em 1813, na obra do capitão inglês James Burney, *Chronological History of the Discoveries in the South Sea*; em 1817, no verbete "Gonneville" assinado pelo geógrafo Eyriès da *Biographie universelle* de Michaud; em 1847, em *Navigateurs français*, e em 1851, na *Histoire maritime de la France*, ambos de Léon Guérin; no Barão Baude, na *Revue des Deux-Mondes* de 15 de agosto de 1860; e assim por diante. Só que ninguém explica como Gonneville não encontrou os portugueses, chegados a Madagáscar em agosto de 1503. Se no Brasil, bem maior, os portugueses viram o navio francês de 1504, em Madagáscar o teriam facilmente encontrado.

Poucos historiadores duvidavam, porém, da tese de que a Terra de Gonneville era Madagáscar. Dentre os discordantes estão Louis Estancelin, em *Recherches sur les voyages et découvertes des navigateurs normands*, de 1832, e o Capitão Thomas, em *Histoire de la ville de Honfleur*, de 1840. Mas, na falta de maiores informações, não tinham outra hipótese a oferecer. Um historiador de Honfleur, M. Catherine, propôs o Brasil como solução; mas seu compatriota, M. Lefrançois, contestou vivamente essa opinião. Para complicar mais as coisas, Estancelin escreve um capítulo intitulado "Découverte de l'Australie — Paulmier de Gonneville". Segundo ele, o Abade Paulmier se diz descendente de um "Australiano" (*Australien*). Na verdade, o Abade não usa essa palavra, mas *Austral*. E, em 1840, Pierre Philippe Urbain Thomas concluía: "Tudo o que concerne a essa viagem ficará portanto, para sempre, numa impenetrável obscuridade".

Ora, em 1847 o estudioso conservador-adjunto dos Arquivos da Marinha, Pierre Margry, encontrou o maço de cartas enviadas pelo Barão de Gonneville ao Marechal de Castries e ao Conde de la Luzerne e, anexa a estas, a relação abreviada. Margry comunicou seu achado a d'Avezac. Em 1857, numa reunião da Sociedade de Geografia em que se comentava a *História geral do Brasil* de Varnhagen, a questão veio à baila, e d'Avezac comunicou aos colegas o achado de Margry, emitindo pela primeira vez, em público, a opinião de que a Terra de Gonneville era o Brasil. Em suas *Considérations géographiques sur l'histoire du Brésil,* d'Avezac aventava a hipótese de que o desembarque se teria realizado na terra dos índios goiatacás.

Alguns anos mais tarde, em 1869, outro amigo de d'Avezac, o bibliófilo Paul Lacroix, conservador da Biblioteca do Arsenal, fez um achado maior. Catalogando os manuscritos que tinham pertencido ao Marquês de Paulmy, encontrou a cópia autenticada da *Relação,* que fora fornecida aos herdeiros Paulmier em 1658, por ocasião do litígio sobre o imposto de advena. Além de muito mais extenso, este era o texto oficial de onde o Abade Paulmier extraíra o capítulo sobre os índios. Munido de todos esses documentos, d'Avezac publicou a *Relação* e um estudo sobre a mesma, onde ele dava todos os argumentos para afirmar que a Terra de Gonneville era mesmo o Brasil. Desde então, essa conclusão não foi mais contestada, ou, pelo menos, não se apresentaram provas em contrário.

FONTES BIBLIOGRÁFICAS

A Terra Austral foi, durante séculos, um mito mobilizador das imaginações. De Aristóteles e Ptolomeu a Dante e Petrarca, a Terra das Antípodas fez correr muita tinta. Gabriel de Foigny, autor de *La Terre Australe connue, c'est-à-dire la description de ce pays inconnue jusqu'ici, par M. S. Ladeur [...],* Paris, Claude Barbin, 1692, atribui à terra e seus habitantes qualidades extremamente positivas, reforçando uma imagem paradisíaca cuja fonte declarada é a *Relação* de Gonneville.

A principal fonte continua sendo d'Avezac. As citações de d'Avezac utilizadas neste capítulo se encontram nas páginas 8, 9, 10 e 50. Para complementar, aprofundar ou problematizar as afirmações de d'Avezac, consultei os seguintes livros:

Charles de Brosses, *Histoire des navigations aux Terres Australes,* Paris, Durand, 1756, 2 v. O volume I contém um capítulo intitulado "Bynot Paulmyer de Gonneville", que vai da página 102 à página 120. As citações dessa obra provêm das páginas 117 (em que o autor cita Lancelot Voisin de la Popelinière, *Histoire des Trois Mondes,* Livre 3, 1583) e 103, em que ele reclama da imprecisão do Abade Paulmier.

Correspondência de Bouvet de Lozier e de Kerguélen: Manuscritos da Biblioteca Nacional de Paris, cota n.a.fr. 9341.

Kerguélen, *Relation de deux voyages dans les mers australes et des Indes,* 1775. Citações colhidas nas páginas 93 e 94.

Cartas do Barão de Gonneville e relação por ele encontrada: Manuscritos da Biblioteca Nacional de Paris, cota n.a.fr. 9439.

M. Boissais, "Binot Paulmier dit le Capitaine de Gonneville", capítulo IV ("Détermination de la terre de Gonneville d'après les principaux auteurs qui on précédé M. d'Avezac"), pp. 155-9.

Paul Gaffarel, *Histoire du Brésil français au XIV*ᵉ. *siècle, Paris,* Maisonneuve, 1878. Gaffarel é um clássico na bibliografia das relações franco-brasileiras. Suas informações são, entretanto, sujeitas a cautela, porque seu ponto de vista é eminentemente patriótico e declaradamente colonialista. Assim, ele puxa todas as sardinhas para sua *braise* (de onde, segundo ele, vem o nome Brasil) isto é, atribui aos franceses todas as qualidades e todas as glórias. Com relação a Gonneville, ele comete vários erros. Por exemplo, na página 22: "Em 1503 [...] quando o Capitão Paulmier de Gonneville desembarcou pela segunda vez no continente americano [...]"; na página 31: "Em 1663, um dos descendentes do Capitão, provindo do casamento de sua filha com um dos selvagens que ele tinha trazido [...]"; idem: "l'abbé Binot Paulmier de Gonneville"; idem: interpreta "pr. ind." como "prêtre indien" etc.

Mario de Lima-Barbosa, *Les Français dans l'histoire du Brésil,* Rio de Janeiro/Paris, Briguiet/Blanchard, 1923. Como as informações de Lima-Barbosa foram aparentemente colhidas em Gaffarel, padecem das mesmas imprecisões.

J. Capistrano de Abreu, *O descobrimento do Brasil,* 2ª. ed., Rio de Janeiro, Civilização Brasileira /INL, 1976, p. 180: "o nome de terra do Brasil já aparece em 1503 e logo se generalizou e pemanece até agora". Sobre a complexa questão, ver António Baião, "Evolução do nome de Vera Cruz em Santa Cruz e Brasil", in Carlos Malheiro Dias, *História da colonização portuguesa do Brasil,* v. II, pp. 317-23.

Louis Estancelin, *Recherches sur les voyages et découvertes des navigateurs normands en Afrique, dans les Indes Orientales et en Amérique*, Paris, Delaunay, 1832.

A. Grandidier, Charles-Roux, Cl. Delhorme, H. Froidevaux & G. Grandidier, *Collection des ouvrages anciens concernant Madagáscar,* Paris, Comité Madagascar, 1903. Os autores expõem a questão da Terra de Gonneville, consideram que Margry resolveu o problema ao identificá-la com o Brasil, mas citam outros autores favoráveis à tese de Kerguélen (Madagáscar): Barão de Baude, *Revue des Deux Mondes,* 15/8/1860; Coronel Adan (um belga que se apóia sobre documentos alemães!), *Bulletin de la Société Géographique Normande,* maio-jun. 1882; Capitão Oliver, "The Land of Parrots", in *The Scottish Geographical Magazine,* jan. 1900; Gallois in *Annales Géographiques, 10*ᵉ. *Bibliographie géographique annuelle,* 1900. Vê-se, por essa lista, que a questão era palpitante em certos círculos mais ou menos esotéricos.

Pierre Philippe Urbain Thomas, *Histoire de la ville de Honfleur,* Honfleur, E. Dufray, 1840. Citação colhida na página 59.

Pierre Margry, *Les navigations françaises et la révolution maritime du XIV*ᵉ. *au XVI*ᵉ. *siècle — D'après des documents inédits tirés de France, d'Angleterre, d'Espagne et d'Italie,* Paris, Librairie y Tross, 1867. A comunicação sobre o achado da relação enviada pelo Barão do Gonneville já havia sido feita anteriormente, pelo mesmo Margry, no *Bulletin de la Société Géographique de Paris,* nº. de ago.-set.-out. 1857, pp. 89-356.

Os comentários de d'Avezac à obra de Varnhagen desembocaram numa outra polêmica. D'Avezac criticou Varnhagen dizendo que ele não se colocara num ponto de vista brasileiro, mas escrevera uma história européia do Brasil; uma história partidária dos colonos europeus e despreziva para com os índios e os negros. Varnhagen respondeu em um opúsculo: *Examen de quelques points de l'Histoire géographique du Brésil* (...) *Analyse critique du rapport de M. d'Avezac sur ma récente Histoire générale du Brésil,* Paris, Imprimerie Martinet, 1858. A resposta de Varnhagen mostra que d'Avezac tinha toda a razão.

6
O SILÊNCIO DE ESSOMERICQ

Enquanto falava, um assomo de orgulho selvagem da força e da coragem lhe brilhava nos olhos negros, e dava certa nobreza ao seu gesto. Embora ignorante, filho das florestas, era um rei; tinha a realeza da força.

Apenas concluiu, a altivez do guerreiro desapareceu; ficou tímido e modesto; já não era mais do que um bárbaro em face de criaturas civilizadas, cuja superioridade de educação o seu instinto reconhecia.

José de Alencar, *O Guarani*

A TERRA DO OUTRO

Sabemos o que Gonneville achou do Novo Mundo; nunca saberemos o que Essomericq achou do Velho. Nossa curiosidade a esse respeito é grande, e grande também a frustração por não possuirmos nenhum testemunho do carijó sobre sua extraordinária experiência. Essomericq não tinha diário de bordo e a Justiça francesa não exigia dele nenhuma declaração.

Essa frustração, ocasionada pela falta de registros da visão dos índios, é expressa por Alfred Métraux: "Sabemos, por testemunhos contemporâneos, que esses viajantes excitavam a maior curiosidade, e que a multidão se comprimia para os olhar. Mas eles, que pensavam da terra dos homens brancos, quais foram suas surpresas, suas decepções, suas angústias? Ninguém se preocupou com isso, deixando assim à imaginação dos satiristas uma ocasião que estes saberão aproveitar para criticar os costumes de seu tempo".

Existe, de fato, uma enorme assimetria entre as manifestações dos europeus sobre o Novo Mundo e seus habitantes, e as dos índios, sobre a Europa e os europeus. "Infelizmente", diz Michel Mollat, "falta a reciprocidade da imagem."

À violência da Conquista teria correspondido uma violência simbólica, isto é, os índios teriam sido não apenas massacrados mas também "calados" nos registros históricos do Ocidente? Na verdade, desde a Descoberta, a atitude ideológica dos europeus, com relação aos índios, caminhou em duas direções opostas: considerá-los como seres absolutamente inferiores, animais curiosos cuja selvageria justificava todas as violências e cujo atraso tecnológico facilitava todas as explorações, ou, pelo contrário, como homens melhores e mais felizes, cuja conduta deveria servir para que os civilizados repensassem seus próprios hábitos. Na prática, foi a primeira atitude que prevaleceu. Mas não podemos esquecer a enorme e duradoura influência do mito do "bom selvagem" na mentalidade européia, desde a Descoberta até a Revolução Francesa, atravessando o Romantismo e persistindo até nossos dias, aliada à consciência ecológica.

Por ser assunto fartamente estudado, conhece-se o percurso e a força da imagem do "bom selvagem" na mentalidade e até nos hábitos europeus, sobretudo no que concerne à higiene e à pedagogia. Da *Utopia* de Tomás Morus, passando por Rabelais, Montaigne, Ronsard, continuando no século seguinte com Campanella, Bacon, Locke, Spinoza, e ganhando força no XVIII com Montesquieu, Diderot e sobretudo Rousseau, essa boa imagem do índio, livre, nobre e desinteressado, se manteve firme. No século XIX, o Romantismo transformou-o em herói idealizado de romance.

O bom conceito do índio, junto aos intelectuais, em nada alterou o tratamento político que os índios reais foram recebendo, até o extermínio quase total. Esses advogados dos selvagens estavam, geralmente, mais interessados em criticar sua própria sociedade do que em entender ou proteger os índios; seria, contudo, injusto esquecer que eles se fizeram ouvir e fizeram ouvir, indiretamente, as vozes dos índios. No século XVI, alguns europeus, especialmente os franceses, ouviram o que os índios tinham a dizer (quando a barreira lingüística inicial foi derrubada) e gostaram do que ouviram.

Tem sido observado o fato de que os franceses foram os que mais se interessaram pelos índios brasileiros, e que os portugueses, com exceção do primeiríssimo Caminha e dos programáticos missionários, foram especialmente lacônicos a esse respeito. John Hemming diz que "os portugueses nunca registraram conversas de índios nem os descreveram individualmente como personalidades interessantes"; não deixaram "informação antropológica nenhuma" e nunca viram os índios como "bons selvagens". É bem verdade que os portugueses estavam desde logo empenhados em lutas com os índios reais, hostis ao seu projeto agrícola e colonizador, enquanto os franceses estavam de passagem ou os viam na França.

Montaigne e Jean de Léry, em particular, registraram a fala do índio. Pode-se objetar que não há provas de que foi exatamente aquilo que os índios disseram, e que os franceses ouviram o que queriam ouvir. Mas não é isso que ocorre sempre que se transcreve a fala do outro, mesmo a do outro mais próximo de nós? "As palavras dos outros são erros do nosso ouvir, naufrágios do nosso entender. Com que confiança cremos no nosso sentido das palavras dos outros", diz Fernando Pessoa.

Assim, embora pouco numerosos e indiretos, alguns registros da visão do índio ficaram. Um dos mais famosos é o diálogo travado em Ruão, entre três tupinambás e o Rei Carlos IX, relatado por Montaigne:

> Entreteve-se o rei com eles, longamente; mostraram-lhes como vivíamos no quotidiano; ofereceram-lhes grandes festas; ensinaram-lhes como era uma cidade grande. Alguém lhes havendo perguntado mais tarde o que pensavam da cidade e o que ela lhes tinha revelado, citaram três coisas. Esqueci a terceira, e o lamento, mas lembro-me das duas outras. Disseram antes de tudo que lhes parecia estranho tão grande número de homens de alta estatura e barba na cara, robustos e armados e que se achavam junto do rei (provavelmente se referiam aos suíços da guarda) se sujeitassem a obedecer a uma criança e que fora mais natural se escolhessem um deles para o comando. Em segundo lugar obervaram que há entre nós gente bem alimentada, gozando as comodidades da vida, enquanto metades de homens emagrecidos, esfaimados, miseráveis mendigam às portas dos outros (em sua linguagem metafórica a tais infelizes chamam "metades"); e acham extraordinário que essas metades de homens suportem tal injustiça sem se revoltarem e incendiarem as casas dos demais.

Outro aspecto do comportamento europeu, que espanta os índios, é a preocupação dos homens brancos com acumular riquezas. O melhor registro dessa estranheza se encontra em Léry, que recebe, de bom grado, uma lição de um velho tupinambá:

> Na verdade, continuou o velho, que, como vereis, não era nenhum tolo, agora vejo que vós outros *maírs* sois grandes loucos, pois atravessais o mar e sofreis grandes incômodos, como dizeis quando aqui chegais, e trabalhais tanto para amontoar riquezas para vossos filhos

ou para aqueles que vos sobrevivem! Não será a terra que vos nutriu suficiente para alimentá-los também? Temos pais, mães e filhos a quem amamos; mas estamos certos de que depois da nossa morte a terra que nos nutriu também os nutrirá, por isso descansamos sem maiores cuidados.

Esses registros da fala indígena, parcos e isolados, podem ser postos em dúvida, pelo fato de servirem, a Léry como a Montaigne, a seus propósitos "etnocêntricos" particulares. Depois de terem sido muito louvados por seu interesse pelos índios, atualmente os dois escritores são vistos com algumas reservas. Léry só teria apreciado os índios na exata proporção de suas desilusões com a sociedade francesa; e Montaigne, comodamente instalado em seu gabinete, via-os como curiosidades e utilizava-os para suas reflexões pessoais. Entretanto, as observações que eles atribuíram aos índios são bastante verossímeis, por corresponderem, de fato, a traços gerais de suas culturas. A mesma observação sobre os mendigos fora feita, em 1535, pelos iroqueses levados à corte de Francisco I por Jacques Cartier. Críticas e zombarias dos índios acerca da ganância dos europeus encontram-se registradas em outros documentos. Thevet se refere à liberalidade dos selvagens, que quase não possuem bens e os repartem com facilidade. Podemos, pois, considerar essas reações indígenas ao comportamento europeu não apenas como autênticas, mas até mesmo como típicas.

Outro trecho de Léry nos sugere o que os índios desejam saber da terra do francês. No colóquio brasílico-francês transcrito por este, os índios perguntam: 1) o nome da terra; 2) se é grande; 3) quantos chefes têm (informados de que é só um, e se chama Henry, diplomatas, comentam: "Belo nome"); 4) se estão satisfeitos com o que têm; 5) se o chefe possui bens; 6) se vai à guerra; 7) quantas aldeias tem o país e como se chamam; 8) se o país é bonito; 9) como são as casas.

Se bem considerarmos os interesses dos índios com relação à terra dos europeus, veremos que, apesar da grande diferença cultural, eles não diferem muito dos primeiros interesses dos europeus com respeito às terras descobertas. A *Relação* de Gonneville e a *Carta* de Caminha informam sobre o tamanho presumido da terra, seu clima e vegetação, o número e tamanho das aldeias, a forma das casas, sobre os bens de que dispõem os índios para o escambo; Gonneville informa sobre o chefe, seu nome, seus bens, seus poderes, suas guerras. As primeiras observações respondem a perguntas por assim dizer universais a respeito da terra alheia. A diferença, que seria fatal para os índios, é que as perguntas deles sobre o país, o chefe, os bens, as casas, são de pura curiosidade, enquanto as observações dos europeus já implicam, desde o primeiro momento, uma avaliação de forças a enfrentar e de lucros a auferir. Assim sendo, a cortesia dos índios é desinteressada, enquanto a dos europeus é ditada pela prudência e pelo cálculo.

Os espanhóis, na segunda metade do século XVI, enviavam questionários a governadores e vice-reis da América, para ordenar as informações sobre as terras. Juan de Ovando y Godoy, presidente do Consejo de Indias, se encarregou da confecção desses questionários. Deles se apreende que os espanhóis queriam saber: 1) o nome de cada lugar e seu significado na língua indígena; 2) quem descobriu e conquistou aquele lugar e em que ano; 3) o clima, o regime de águas e de ventos do lugar; 4) a topografia, a qualidade da terra (árida ou fértil), a vegetação e a produção de mantimentos; 5) a que distância se encontra o lugar da Audiencia (sede de governo espanhol) mais próxima; 6) se o lugar tem riquezas e quais. A grande diferença que se pode ver nesses questionários espanhóis, elaborados em 1571, é que o interesse já é nitidamente dirigido num sentido político de ocupação, de exploração e de domínio.

Tudo isso é tão óbvio e conhecido que não necessita de maiores demonstrações. O confronto que aqui fazemos dos interesses europeus e indígenas sobre as respectivas terras visa, sobretudo, a suplência de uma lacuna do lado dos índios. Os europeus registraram fartamente suas primeiras impressões sobre a América; os índios que foram levados à Europa, silenciosos ou silenciados, nada ou quase nada deixaram sobre essa experiência. As observações consignadas por Montaigne (qual teria sido a terceira, que ele esqueceu ou recalcou?) e o colóquio tupi-francês de Léry apenas sugerem quais teriam sido as primeiras observações de um índio levado à Europa.

A historiadora canadense Olive Patricia Dickason, que se debruçou sobre essa questão, observa: "É bem possível que os ameríndios, uma vez recuperados do primeiro espanto, não tenham ficado tão assombrados com as cidades européias como os europeus gostariam de pensar". De fato, a Europa do século XVI não era nenhuma maravilha. As desigualdades sociais eram evidentes, e a fome uma experiência tristemente banal. Nas grandes cidades, os mendigos pululavam em torno aos palácios, para espanto dos visitantes americanos. Torturas e execuções em praça pública eram freqüentes, e os índios estranhavam que as vítimas fossem pessoas do mesmo povo que os carrascos. "O relato de algumas dessas execuções", diz O. P. Dickason, "são tão pavorosos que podemos nos perguntar se os visitantes vindos das florestas norte-americanas, onde a tortura era praticada, não teriam aprendido uma ou outra coisa. Para dar apenas um exemplo suave: os falsários eram lentamente mergulhados em óleo fervente."

As guerras e a higiene deficiente das cidades faziam com que a esperança de vida fosse de apenas 28 anos para os homens e de 34 para as mulheres. Mais da metade das crianças não atingiam a idade de sete anos. As epidemias eram recorrentes, os aleijados numerosos. As revoltas camponesas e os levantes populares eram constantes e violentos. Enfim, não havia motivos para os índios ficarem encantados, e os poucos testemunhos que nos restam mostram que muitos, se não todos, queriam voltar para a "barbárie" de suas terras natais, onde os problemas básicos de economia e saúde eram muito mais bem resolvidos. Por isso, conclui a historiadora:

> Por outras palavras, os ameríndios visitantes não encontraram na Europa uma sociedade na qual as condições de vida fossem mais confortáveis do que aquela a que eles estavam habituados. O frio constituía um risco tão grande na Europa renascentista que as pessoas morriam freqüentemente por causa dele. (Foi nessa época que as lareiras foram aperfeiçoadas, de modo que o incômodo da fumaça foi eliminado, pelo menos para os que podiam oferecer-se esse luxo.) Os ameríndios também não encontraram uma sociedade menos violenta do que a deles; antes, encontraram uma sociedade em que a violência era a prerrogativa de um grupo privilegiado. Os ameríndios acharam isso inaceitável, porque estavam habituados a considerar cada homem livre em matéria de comércio, guerra ou religião. Ficavam pasmos de ver a pobreza no meio da opulência; isto não condizia com sua prática da partilha que, se não era sempre justa, era sempre inclusiva. O que os ameríndios viram na Europa só confirmava sua opinião de que eles eram pelo menos iguais, se não superiores, aos franceses, tanto individualmente quanto na qualidade de civilização distinta.

Dentro desse quadro geral, a experiência de Essomericq foi muito particular. O carijó não foi levado para uma grande cidade, onde as desvantagens da civilização eram mais visíveis. Atravessou o campo normando na primavera, quando ele está verdejante e florido, e chegou a Honfleur, pequeno porto habitado por mercadores e mareantes. Viu casas e pessoas diferentes, mas nada de tão grandioso que pudesse assustá-lo ou maravilhá-lo. Depois foi provavelmente morar no senhorio de Courtonne, que era onde residia o Capitão, seu padrinho e protetor.

O "VENTUROSO CARIJÓ"

Essomericq não "diz" uma única palavra nos documentos que nos chegaram. Mas não será abusivo imaginar algumas de suas experiências, a partir do que se sabe da cultura carijó e do confronto desta com a vida na Normandia no século XVI.

Primeiramente, é preciso lembrar que, contrariamente a outros índios, Essomericq não foi levado à força. Seu pai se deixou facilmente convencer da conveniência da viagem, e ele mesmo, que "se dava bem com os do navio", foi de boa vontade. Uma atitude bem diversa daquela que Gonneville encontraria nos dois tupinambás que ele queria levar à força, e que fugiram.

Como explicar que Arosca tenha consentido, de bom grado, em deixar partir seu filho, e que os dois índios (Essomericq e Namoa) se tenham deixado levar tão facilmente? Com base no que sabemos da cultura dos carijós, podemos levantar uma hipótese. Guaranis ou guaranizados (e a solução dessa questão de etno-história é aqui dispensável), os carijós tinham uma cultura centrada na busca da "terra sem mal", que implicava viagem e perda/destruição de sua sociedade real, a qual correspondia à "terra com mal". Os guaranis situavam a "terra sem mal" ora a leste, para além das montanhas, ora a oeste, para além do mar.

Essa crença guarani numa vida melhor em outro lugar, que se poderia atingir vivo ou morto, tornava-os especialmente desapegados de seu lugar e de sua vida quotidiana, e predispostos à "passagem" a uma outra vida. Foi exatamente isso que facilitou tanto a sua catequização pelos jesuítas. A promessa de uma vida de felicidade após a morte era muito bem acolhida pelos guaranis, que assimilavam o profetismo cristão a seu próprio profetismo. Essomericq e Namoa, embarcados no navio daquela gente vinda de um lugar desconhecido, onde havia tantas coisas prodigiosas, acreditavam, talvez, estar a caminho da "terra sem mal". E talvez pensassem que os franceses eram daqueles *homens-deuses* que já a haviam atingido. Não seria, assim, mera presunção de Gonneville a impressão por ele registrada de que aquele povo via os franceses como "anjos descidos do céu".

A *Nova Gazeta do Brasil*, documento alemão de 1514, fala de um navio português de regresso após uma estada na região dos carijós. A "boa índole" dos mesmos é, mais uma vez, confirmada: "E dizem que quanto mais para o cabo tanto melhor a gente, de bom trato, de índole honrada. Não havendo neles nenhum vício, a não ser que um povoado guerreie o outro''. Os carijós encontrados nessa ocasião já conheciam outros europeus, de barbas ruivas, que os portugueses presumiram serem franceses. Ora, o navio português parte carregado de pau-brasil e de índios: ''Sob a coberta, o navio está carregado de pau-brasil, e na coberta cheio de escravos, raparignhas e rapazinhos. Pouco custaram aos portugueses, pois na maior parte foram dados por livre vontade, *porque o povo de lá pensa que seus filhos vão para a Terra da Promissão*'' (grifo meu).

Diz Hélène Clastre que a viagem era, para os tupis-guaranis, uma *necessidade*: ''estavam tão profundamente imbuídos da realidade geográfica do seu paraíso que sempre estavam dispostos a empreender sua procura''. E essa procura era individual: ''é preciso ter a coragem e a força para ir sozinho e longe dos seus, para romper definitivamente todos os laços com a terra má, com sua comunidade''. Tal crença e tal ética eram, talvez, a razão da docilidade e da coragem com que os dois carijós enfrentaram a passagem da *grande água*.

Essomericq era o primeiro brasileiro e provavelmente o primeiro americano em solo francês. Aquelas aldeias de casas feitas de pedra e madeira, com tetos inclinados de colmo, aqueles prados verdes com árvores estranhas e animais nunca vistos, aquele porto cheio de navios semelhantes ao que o trouxera pela ''grande água'', aquelas pessoas brancas, gordas, coradas e muito vestidas, que se acotovelavam para vê-lo, seria tudo isso a desejada ''terra sem mal''? Por outras palavras: teria Essomericq ficado maravilhado com o que via?

Para imaginar como se processou a adaptação de Essomericq ao novo modo de vida, lembremos como se vivia num senhorio normando no século XVI. Conhecem-se os pormenores da vida quotidiana numa residência de gentil-homem campesino dessa região porque um certo Senhor de Gouberville teve a boa idéia de deixar tudo consignado num diário, que se estende de 1553 a 1557.

O gentil-homem jantava na cozinha e aí passava o serão, em companhia de seus criados, ao pé do fogo, lendo em voz alta o Amadis de Gaula. A sala de sua casa era decorada com cabeças de animais empalhadas, arcos, flechas, espadas, arbaletas e arcabuzes. Em cima de um grande banco, havia sempre palha fresca para que sobre ela se deitassem os cães. Os quartos tinham um mobiliário muito restrito: cama, mesa, banquinho e um ou dois baús para guardar a roupa. Era costume partilhar o quarto com os hóspedes e não era raro dormirem vários na mesma cama, principalmente porque este era um bom recurso contra o frio. A higiene deixava muito a desejar: não havia móveis nem objetos de toalete. Mas usavam-se perfumes: água de rosas e pomadas.

Afora o fato de estar abrigado numa sólida e fixa casa de pedra, o carijó não devia sentir-se excessivamente estranho. A vida no solar não oferecia, afinal, diferenças tão relevantes com relação à vida numa casa da aldeia carijó. Era uma vida comunitária, misturando agricultores (os camponeses) e "caçadores" (os aristocratas), que exibiam suas armas e seus troféus, e se aqueciam ao pé do fogo ouvindo a narrativa de seus mitos. Os ofícios religiosos, nas igrejinhas de madeira cujo teto tinha a exata forma de um casco de nau invertido, deviam lembrar ao índio que ele estava do outro lado da "grande água" atravessada.

A alimentação também não era de molde a espantar um índio. O prato principal era a carne assada diretamente no fogo, e os convivas comiam com as mãos, usando apenas, eventualmente, a faca; o garfo só seria introduzido nos hábitos de mesa no fim do século. Limpavam a boca na beira da toalha ou nas mangas. Os pratos e tigelas eram de madeira, de terracota ou de estanho; a porcelana ainda era uma raridade. As maneiras de mesa eram de tal modo relaxadas que Erasmo se via obrigado a ensinar que "é grosseiro mergulhar os dedos no molho". Também se sabe que os franceses comiam com a boca meio aberta, e mastigavam com mais energia do que os italianos. Assim, as maneiras de Essomericq não deviam chocar ninguém. Um item importante do cardápio normando constituía, entretanto, uma novidade para o carijó. Essomericq teve de habituar-se com o leite de vaca e seus derivados, e ainda maior devia ser seu espanto com a própria vaca.

Quanto à vida social da aldeia, esta era animada e festiva como a de uma tribo. Casamentos, colheitas, festas religiosas, tudo era ocasião para muita música e dança. Os homens praticavam numerosos jogos ao ar livre (péla, malha, *boules*), e travavam lutas corporais bastante violentas. Apesar de todas as diferenças, o camponês ou marinheiro europeu não era afinal tão incompreensível para um índio quanto o citadino e o cortesão.

Considerados esses hábitos facilmente assimiláveis, podemos pensar em outros que devem ter causado problemas para Essomericq. O primeiro deles era o excesso e a complicação das roupas. Os carijós não viviam inteiramente nus, mas usavam um mínimo de roupa. Podemos imaginar o carijó às voltas com calções bufantes, camisas, gibões e pesadas botas. A falta de higiene também devia ser muito sentida pelo índio, que certamente procurava, naquela primeira primavera, os riachos da região onde nenhum normando mergulhava. Os banhos dos franceses eram raríssimos; só eram admitidos no verão, nunca no inverno, e ainda assim com muitas precauções. John Hemming comenta que uma das qualidades reconhecidas dos ameríndios era a limpeza, "uma surpreendente inovação para os europeus da Renascença que raramente se banhavam". Outros hábitos anti-higiênicos europeus deviam repugnar ao índio, como os esgotos a céu aberto.

Mas o principal choque deve ter sido o climático. Essomericq teve a sorte de chegar à França na primavera. Mas qual não terá sido seu espanto, e talvez mesmo terror, quando todas as árvores começaram a secar, perdendo as folhas, e quando viu cair a primeira neve? Por mais que os franceses lhe assegurassem que tudo voltaria a ser como antes, a desolação da paisagem de inverno devia parecer, ao índio, um verdadeiro fim de mundo. Mais do que as diferenças culturais, afinal mais bem aceitas pelos índios do que pelos europeus (os índios americanos, do Sul ou do Norte, nunca tiveram nenhuma preocupação de impor seus hábitos aos outros povos), as diferenças do meio natural constituem um grave problema para povos tão identificados com a natureza, conhecedores de cada árvore, cada planta, cada animal, e literalmente perdidos sem esses pontos de referência.

Essomericq sobreviveu e, ao que tudo indica, muito bem a todas essas provas. Tinha apenas quinze anos, ao chegar, e foi bem tratado. Seu afrancesamento deve ter se procedido gradualmente, sem grandes traumas. Quando se casou com a parenta do Capitão, já tinha 31 anos, e devia estar perfeitamente integrado. Seu destino foi excepcional, se comparado ao de numerosos outros índios levados à Europa no século XVI. Não foi exposto, em feiras ou na corte. Não foi transformado em escravo, nem mesmo em criado como era a regra. Michel Mollat se pergunta se esses índios eram, para os europeus, "uma pessoa ou um objeto de diversão e de serviço". Essomericq foi tratado como uma pessoa. Mais ainda, sempre foi considerado como um príncipe. Mesmo se dermos um desconto às pretensões de seus descendentes do século XVII, que tinham todo o interesse em exaltar a "nobreza" de seu ancestral, o consenso dos contemporâneos e o aval posterior de Luís XIV demonstram que essa nobreza foi levada a sério.

Assim, apesar de certos preconceitos que hoje nos fazem sorrir, não estava longe da verdade Affonso Arinos, quando dizia em 1937: "Este venturoso Carijó, que tão prodigiosa reviravolta teve na vida, passando da condição de bárbaro nômade, habitante de um mundo perdido, a nobre e abastado cidadão de um grande país, com o seu lar organizado e a sua família constituída, deve ter sido o primeiro brasileiro que pisou terras de França''.

Informados pela etnologia, hoje não veríamos mais essa ''prodigiosa reviravolta'' como uma ascensão social ou cultural. Mas não há dúvida de que a mudança de vida de Essomericq, considerada individualmente, se não foi para ''melhor'', também não foi para ''pior'', e que podemos considerá-lo, de fato, um ''venturoso carijó''.

Refletindo sobre a civilização ocidental, Lévi-Strauss faz algumas considerações interessantes para nosso tema. É um fato histórico inegável que, há alguns séculos, ''todas as civilizações reconhecem, uma após outra, a superioridade de uma delas, que é a civilização ocidental''. Trata-se de uma adesão unânime sem precedentes na História. Ora, essa ocidentalização geral não foi uma adesão espontânea, mas uma imposição. ''As sociedades não se entregam com tal facilidade'', diz ele, e só uma relação de forças absolutamente desigual determina tal ''adesão''. Como a civilização ocidental conseguiu essa proeza? Em vez de ''discutir ao longo de volumes sobre a natureza dos valores professados pela civilização ocidental'', Lévi-Strauss reduz a dois traços suas características: ''aumentar continuamente a quantidade de energia disponível por cabeça de habitante'' e ''proteger e prolongar a vida humana'' (o que decorre do primeiro traço).

Ora, se considerarmos esses dois objetivos da civilização ocidental, Essomericq foi por ela beneficiado. Sua longevidade e sua reprodução numa prole numerosa o ''dizem'' de maneira clara. Mas esses mesmos traços da civilização ocidental, de que individualmente se beneficiou Essomericq, são os que levaram essa civilização a pilhar e a devastar o Novo Mundo, provocando o desaparecimento de milhões de outros índios.

Essomericq não desapareceu, mas calou-se. Tendemos a crer que o mutismo do índio, nessa história, é resultado e prova do etnocentrismo europeu. Essomericq não foi morto, mas foi calado! Ora, de onde tiramos essa idéia de que Essomericq ou qualquer outro índio colonizado quisessem declarar alguma coisa, deixar registrado seu depoimento, e que foi o etnocentrismo dos europeus que os impediu de falar? Essa idéia é etnocêntrica: ela vem do apego de *nossa* cultura à expressão individual e a seu registro na História. Para um índio, esse desejo ou direito à palavra individual, registrada para a posteridade, não tem qualquer sentido. Um índio não acha "interessante" experiências individuais; também não concebe uma história linear e progressiva, para a qual é importante a consignação de experiências particulares.

OUTROS ÍNDIOS BRASILEIROS NA FRANÇA

Essomericq foi o primeiro mas não o único. Affonso Arinos fez o levantamento minucioso e pioneiro dos índios brasileiros levados à Europa. Seu estudo e os de outros pesquisadores posteriores nos mostram que, em meados do século XVI, haviam visitado a França ou lá permanecido dezenas de índios brasileiros. A maior parte deles desembarcou na Normandia ou na Bretanha. Affonso Arinos foi o primeiro a chamar a atenção para as estreitas relações da Normandia com o Brasil naquele momento. Numerosíssimos navios do grande armador de Dieppe, Jean Ango, que faziam regularmente o tráfico de pau-brasil, levaram, além da preciosa madeira, dos papagaios e macacos, exemplares humanos igualmente admirados.

Em 1512, numa edição de Eusébio de Cesaréia, são mencionados sete índios trazidos por Thomas Aubert no navio *La Pensée,* e exibidos em Ruão com seus barcos e suas armas. Henri Estienne descreveu o desfile desses *homines sylvestres* nas ruas da cidade em 1509:

> Eram originários dessa ilha que se chama Novo Mundo, e chegaram a Ruão com a sua barca, os seus adornos e as suas armas. Têm a cor carregada e os lábios grossos, seus rostos são recortados de cicatrizes, dir-se-ia que algumas veias azuladas partem das orelhas para se encontrarem no queixo. Não têm pêlos na barba nem no púbis, nem em qualquer outra parte do corpo, salvo os cabelos e as sobrancelhas. Usam uma sorte de cinto com uma espécie de bolsa que lhes cobre as partes pudendas. Falam pela boca e não têm nenhuma religião. A barca é de casca de árvore e pode ser carregada sobre a espádua de um só homem. Suas armas são grandes arcos, cuja corda é feita de tripas ou nervos de animais. Suas flechas são de caniços, com pontas feitas de pedras ou de espinhas de peixe. Comem carne seca, bebem água. Desconhecem o pão, o vinho e o dinheiro. Andam nus ou recobertos com peles de animais. Seu país está no paralelo do sétimo clima mais abaixo para o Ocidente que a região francesa.

Affonso Arinos conclui que esses selvagens eram brasileiros da nação tupi. Olive Patricia Dickason observa que não há provas de que os índios referidos por Henri Estienne fossem os mesmos que Thomas Aubert levou, e que o missionário Biard mencionou, num relato conservado pela Companhia de Jesus.

Outro testemunho contemporâneo refere uma cena inusitada. Um navio francês teria visto, no canal da Mancha, uma canoa transportando sete selvagens de rosto tatuado e cocares de plumas coloridas. Esses "sete selvagens", fossem sempre os mesmos ou um mítico grupo assombrando as imaginações, deram realmente o que falar!

Em 1527, uma índia brasileira foi batizada em Saint-Malo tendo por madrinha a mulher de Cartier, Catarina des Granches. Existe o atestado desse batismo. Sabe-se que foi Cartier quem levou essa índia para a França, mas desconhece-se em que circunstâncias, e ignora-se seu destino posterior.

Em 1530, chegaram outros brasileiros a Dieppe, de forma bastante curiosa. Um navio francês, retornando do Oriente, fez escala na ilha de Santa Helena. A viagem fora desastrosa. Os capitães da expedição, Jean e Raoul Parmentier, que eram também humanistas e poetas, tinham morrido no caminho, e só um punhado de homens esfaimados e doentes empreendia a viagem de volta. Ao descerem na ilha, os marinheiros se deparam com seis selvagens saídos do meio das árvores. Alguns tripulantes, que tinham acompanhado Jean Parmentier numa viagem anterior ao Brasil, reconhecem esses selvagens. Mas que diabo estariam eles fazendo ali, tão longe de seu país? Conseguem entender-se com eles. Os índios contam que tinham sido levados por um navio português e abandonados no meio do caminho. Por quê? Mistério. Os índios pedem aos franceses que os levem com eles para sua terra. Os franceses concedem em embarcá-los. E assim os seis índios foram parar em Dieppe. Sabe-se que pelo menos um deles teve vida longa, casou-se e deixou descendentes na Normandia.

Em 1547, nossa famosa Paraguaçu foi apresentada à corte em Paris. Mas Paraguaçu não foi levada nas mesmas condições que os outros índios. Foi como turista, acompanhada pelo marido Diogo Álvares Correia, o Caramuru, a convite de Henrique II e Catarina de Médicis. Na França, onde permaneceu por dois anos, ela foi batizada e se casou com Diogo Álvares. Os fatos e as datas são um tanto controvertidos, mas a viagem não é mais posta em dúvida pelos historiadores.

O grande evento incluindo índios brasileiros ocorreu em 1550. Nos dois primeiros dias de outubro daquele ano realizou-se uma grande festa em Ruão, em presença de Henrique II, Catarina de Médicis e sua corte; simulou-se então um combate de tupinambás e tabajaras, com a participação de marinheiros franceses vestidos, ou, melhor dizendo, despidos de índios, e de cinqüenta "naturais selvagens trazidos de fresco de seu país". Os marinheiros, "tendo freqüentado o país, falavam tão bem a língua e exprimiam tão naturalmente os gestos e maneiras dos selvagens que pareciam nativos do mesmo país".

Armou-se um enorme cenário ao ar livre, representando a floresta brasileira, com frutas "imitando o natural", pássaros e macacos. A cada canto via-se uma cena da vida no Novo Mundo: corte e transporte do pau-brasil, danças e lazeres dos índios, tudo "ingenuamente pintado ao natural". As damas da corte, segundo os registros, "mostraram rosto alegre e sorridente" diante dos "trezentos homens nus, bronzeados e hirsutos". O espetáculo fez tanto sucesso que, a pedidos, foi bisado. E, no segundo dia, "Catarina de Médicis, passando em sua pompa e magnificência por cima da calçada, não o pôde fazer sem deleitar-se com os bonitos combates dos selvagens". Entre os ilustres espectadores estavam Maria Stuart, rainha da Escócia, Diana de Poitiers, amante oficial do Rei, e Margarida de Navarra, a autora do *Héptameron*.

Os índios ficaram hospedados numa casa chamada "Isle du Brésil", no número 17 da rua Malpalu. Essa casa existiu até o século XIX, quando foi destruída num incêndio. Mas parte de suas vigas esculpidas, representando cenas brasileiras, foram salvas e podem ser vistas até hoje no museu de antigüidades de Ruão. Ferdinand Denis, Affonso Arinos e agora todos os pesquisadores da questão gostariam de saber o que aconteceu, depois da festa, com aqueles cinqüenta índios. Não há qualquer informação a esse respeito.

Outros espetáculos apresentando índios foram realizados em honra de Carlos X, em Troyes, no ano de 1564, e em Bordeaux, no ano seguinte. Desfilaram, na última cidade, cativos de doze nações, incluindo "selvagens americanos e brasileiros". A moda se espalhara por toda a Europa, de modo que todo cortejo real tinha de contar com alguns ameríndios, ou pelo menos com personagens vestidas "à americana", isto é, usando saiote de penas e cocar.

Em meados do século, ter índios brasileiros em casa, como valetes, era uma moda já transformada em hábito. Villegaignon comprou dez meninos prisioneiros dos tupinambás e enviou-os a Henrique II, que com eles presenteou vários nobres. Em 1558, Léry ainda teria revisto um desses índios na companhia do senhor de Passy. O próprio Villegaignon, no mesmo ano, levou cinqüenta selvagens brasileiros, homens, mulheres e crianças, que foram distribuídos a vários amigos em diferentes cidades francesas. O irmão de Villegaignon, que era juiz, ficou com dois rapazes de dezoito anos, a que deu os nomes de Donato e Doncart. Ambos foram bem tratados pelo senhor, e adaptaram-se perfeitamente à vida na França. Thevet conta que um índio tabajara, levado para Ruão pelos comerciantes de pau-brasil, depois de viver vários anos na França, onde se tornara católico e se casara, teve a má idéia de voltar ao Brasil num navio francês. Quando este chegou à Guanabara, os tamoios, informados da presença do índio da nação inimiga, subiram a bordo e mataram o desventuroso tabajara sob os olhos dos franceses.

Sem me estender mais nessa sedutora questão da presença "brasileira" na França do século XVI, e atendo-me à história particular de que aqui me ocupo, a especulação que se pode fazer é a seguinte: teria Essomericq, que viveu até 1583, encontrado algum desses seus "compatriotas"? Mesmo se supusermos que o carijó não saiu mais da região natal de Gonneville, as chances de que ele aí tenha encontrado outros nativos de seu país são grandes, pois vários navios de Honfleur fizeram a mesma viagem, nos anos subseqüentes. Um certo Jean Denis já tinha tomado o rumo do Brasil antes mesmo da volta de Gonneville, em 1504, e regressou sem problemas. Em 1525, as viagens já eram tão freqüentes que os comerciantes desse porto estabeleceram uma companhia para o comércio do pau-brasil. E, a partir dessa data, conhecem-se os nomes de vários navios de Honfleur que vieram ao Brasil: *La Rose*, em 1529; *La Marie*, *La Fleurie* e *La Bonne Aventure*, em 1541. É praticamente impossível que esses navios não tenham levado índios, segundo o costume cada vez mais estabelecido.

Se Essomericq viu algum desses brasileiros, como se teria passado o encontro? Teria ele podido entender-se com os recém-chegados, ou ajudado a adaptação dos mesmos à nova vida? Talvez ele já fosse então demasiadamente Binot para ter ainda qualquer afinidade com outros índios. E, afinal, essa visão que tendemos a ter dos diferentes índios brasileiros como um bloco de compatriotas exilados, para eles, não fazia qualquer sentido.

Ao longo do século XVI, enquanto Essomericq se afrancesava, um número indefinido de franceses se "selvagizavam" voluntariamente no Brasil. Numerosos turgimões enveredaram pelo interior do país e nunca mais voltaram. Um dos grandes problemas da França Antártica eram esses franceses que, enviados para cativar os índios, ficavam espontaneamente na selva, fundavam família com índias e, para horror de seus chefes, e para execração dos missionários portugueses, às vezes eram reencontrados, nus, pintados e antropófagos. Suspeita-se que muitos já vinham da França predispostos a "perderem-se na natureza", e a esquecer os horrores das guerras religiosas da civilização que os impelira a partir. Esses franceses "selvagizados" também não deixaram qualquer registro de sua experiência.

O HONRADO CAPITÃO

Não se podem tirar conclusões globais da história de Gonneville e Essomericq. Ela foi excepcional. Conhecem-se muitos casos de apadrinhamento e de aliança matrimonial entre europeus e índios, no século XVI; mas não se conhece outro caso como esse, de adoção plena e tratamento absolutamente igualitário de um índio por um descobridor. A partir do momento em que o índio pôs os pés na Normandia, não houve, nessa história, nenhuma motivação interesseira (de ordem política, econômica ou simplesmente prática) por parte do Capitão. Para este, o índio nunca foi um inferior. Ao que parece, Gonneville era de fato um "honrado varão", fiel aos valores religiosos e éticos de sua cultura.

O modo como Gonneville fala dos ameríndios, em sua *Relação*, já indicia uma atitude mais tolerante do que a média em seu tempo. Na *Relação*, as palavras utilizadas para se referir aos índios nunca são pejorativas: *índios* (*Indiens*), *gente* (*gens*), *habitantes* (*habitans*), *povo* (*peuple*). Não aparecem, em seu texto, as palavras *selvagem*, *bárbaro* ou *canibal*, nem mesmo quando se trata dos tupiniquins/tupinambás. No caso destes, só os adjetivos os qualificam negativamente (*índios rudes*, *índios maus*), e o uso dos qualificativos indica que essas qualidades negativas não são intrínsecas ao substantivo *índios*, mas acidentais e características de alguns deles. Os carijós são qualificados de *simples* e *coitados*, em função de sua pobreza material; mas Gonneville reconhece sua organização política e social, utilizando os termos europeus para denominar as funções: *Rei*, *súditos*, *vassalos*, *Senhor*, *notáveis*.

Mesmo se, em geral, nesse primeiro momento da Descoberta os termos usados para designar os ameríndios eram prudentes, a prudência de Gonneville é especial. Colombo e Vespúcio utilizam o termo *canibal*, e mesmo o amável Caminha os chama de *gente bestial*. E, alguns anos depois, Cartier já não hesita em chamá-los *selvagens*.

Se, de início, o Capitão pretendia levar apenas um espécime curioso e comprobatório de sua "descoberta", o tratamento dado mais tarde a Essomericq e Namoa mostra que, para ele, esses eram pessoas, e não animais ou seres indefinidos. As sérias deliberações sobre a conveniência do batismo, "para evitar a perdição de sua alma'', e o batismo de Essomericq, com todas as formalidades do ritual, o demonstram suficientemente. Michel Mollat observa o fato como notável: ''O batismo de Essomericq [...] foi a ocasião de afirmar a necessidade de consentimento ao batismo, que deve seguir e não preceder o ensino da fé. O episódio mostra, pelo menos, ao mesmo tempo que um exemplo de respeito ao sacramento, o de um certo reconhecimento da liberdade moral do indígena''. Se compararmos a atitude de Gonneville, nesse episódio do batismo, com a de outros europeus de seu tempo, ela aparece, de fato, como especial. Gonneville jamais pôs em dúvida a humanidade dos índios, e não queria forçá-los a nada, nem mesmo a serem cristãos.

Todos os testemunhos posteriores da história atestam o bom comportamento do Capitão: a preocupação com a palavra dada; o reconhecimento pela generosa hospedagem recebida dos carijós; o remorso pelo juramento não cumprido; as providências tomadas para garantir a fortuna do afilhado; a acolhida deste em sua família, como ''aliado'', pelo casamento.

Não por acaso, o comportamento de Gonneville é sempre referido pelos historiadores em oposição ao de outros descobridores e colonizadores. Nos livros sobre o assunto, depois de se narrarem várias histórias tristes, narra-se a história de Essomericq, introduzida pela fórmula ''em compensação'' ou ''entretanto''. Também é freqüente ver esse comportamento contraposto ao de Cartier, que levou vários índios para a França, em particular os jovens Taignoagny e Domagaya, filhos do cacique Donnacona, em 1535. Cartier, cujos objetivos no Canadá já eram bem mais amplos e duradouros do que os de Gonneville nas Índias Meridionais, raptava índios para que estes lhe servissem posteriormente de intérpretes e intermediários. Essa conduta autoritária não trouxe bons resultados, já que os índios em questão, ao serem repatriados, sublevavam os outros e voltavam-se contra os franceses.

Excepcional, circunstancial, casual, qualquer que seja o adjetivo menos entusiasta que se queira aplicar ao comportamento de Gonneville, este continua sendo o mais correto dentre seus congêneres. E, paradoxalmente, acaba colocando questões mais intrincadas, para nosso julgamento de hoje, do que aquelas decorrentes do mau comportamento explícito e universalmente execrado dos conquistadores.

Embora se trate de uma pergunta reconhecida como ociosa, Lévi-Strauss é tentado a colocá-la: ''O que teria acontecido se, em vez daquele desprezo e daqueles massacres, os brancos tivessem tratado os índios de igual para igual?''. Teria isso sido possível? O comportamento de Gonneville, baseado nos valores religiosos e éticos do Ocidente, poderia ter sido aplicado em massa? O respeito pelos índios como pessoas poderia ter sido mantido na América toda ou só seria possível num ou noutro caso individual? A caridade cristã ocidental só funcionava de maneira individual e paternalista? Como tratar os índios "de igual para igual" se eles eram tão desiguais, ora complacentes carijós, ora intratáveis tupiniquins? E, pergunta maior, porque ela continua de candente atualidade: a igualdade só é reconhecida quando o outro abraça totalmente nossa cultura, perdendo todas as diferenças?

Não é minha pretensão responder a essas perguntas. Ao iniciar este livro, eu só queria contar uma história particular, e eis que ela desemboca em questões culturais, políticas e éticas vastas e graves como migração, aculturação, mestiçagem, sincretismo, tolerância, assimilação...

No que concerne à história de Gonneville e Essomericq, podemos apenas imaginar e especular, já que nada sabemos do modo como se desenvolveu a relação entre ambos, desde o batismo do índio até a morte do Capitão.

O índio pode ser visto como um duplo especular do Capitão. Ao lhe dar seu próprio nome, o Capitão não apenas iniciou a aculturação do carijó, afrancesando-o e cristianizando-o, mas identificou-o a si mesmo. Binot passou a ter, diante de si, um outro Binot que, embora colhido tão longe, era tão jovem e tão "simples" que podia ser moldado à sua imagem e semelhança. Nesse caso, a alteridade teria sido anulada.

Teria esse reflexo se tornado uma mera sombra? A festa selvagem de Ruão, relatada por Ferdinand Denis, foi chamada de *sciamachie*, que quer dizer "combate com a própria sombra"; "era, para os antigos, uma espécie de exercício que consistia em agitar os braços e as pernas como uma pessoa que lutasse com sua sombra", explica Denis. O silêncio e a docilidade de Essomericq, inscritos em côncavo em todos os testemunhos dessa história, parecem sugerir que o índio realizou, com a fidelidade de uma sombra, todos os gestos que lhe prescreveu o Capitão. "Bom selvagem", Essomericq se teria curvado perante os desejos europeus, "índio de tocheiro, filho de Maria, afilhado de Catarina de Médicis e genro de D. Antônio Mariz" (Oswald de Andrade).

Mas a mesma lacuna documental sobre os pensamentos, sentimentos e comportamentos de Essomericq também nos permite imaginá-lo como alguém que se adaptou por razões de sobrevivência.

O que podia fazer um carijó na Normandia senão dançar segundo a música local? Talvez, no íntimo, tenha conservado parte de sua cultura; nunca o saberemos. De qualquer forma, voluntária ou involuntariamente, o índio transvestido em francês pode ser visto como uma paródia do Capitão e padrinho. Apesar das roupas e maneiras européias, Binot II carregava, no tom de sua pele, no amendoado dos olhos ou em pormenores de gesto ou palavra, as marcas de sua origem longínqua. Binot I não podia deixar de ver nele, a cada vez que o olhava, a distância oceânica varrida pelos ventos, as grandes extensões selvagens e as "coisas singulares desconhecidas na Cristandade". A diferença americana que, mesmo revestida das formas civilizadas, existia doravante em face do europeu, como um remorso e uma dúvida embaçando sua identidade.

FONTES BIBLIOGRÁFICAS

A citação de A. Métraux foi tomada do prefácio por ele escrito para Olga Obry, *Catherine du Brésil, filleule de Saint-Malo*, Paris, Nouvelles Editions Latines, 1953, p. 11. A de Michel Mollat provém de "L'altérité, découverte des Découvertes", in *Voyager à la Renaissance*, pp. 305-16.

A opinião de John Hemming sobre a falta de interesse dos portugueses pelos índios está em *Red Gold — The Conquest of the Brazilian Indians*, p. 483.

A citação de Fernando Pessoa é do *Livro do desassossego*, São Paulo, Brasiliense, 1986, p. 340.

Montaigne trata dos índios no Livro I, capítulo 31 dos *Ensaios* ("Dos Canibais"), que cito aqui na versão de Sérgio Milliet, Porto Alegre, Globo, 1961, pp. 268-9.

Jean de Léry é referido e citado a partir de *Viagem à Terra do Brasil*, trad. Sérgio Milliet, São Paulo, Martins/Edusp, 1972, pp. 125-6, 232-3.

Sobre os questionários espanhóis do Consejo de Indias ver Walter Mignolo, op. cit., p. 72.

Sobre a crença guarani na "terra sem mal", ver Hélène Clastres, *Terra sem mal, o profetismo tupi-guarani*, trad. Renato Janine Ribeiro, São Paulo, Brasiliense, 1978. As citações provêm das páginas 66 e 98.

A comprovação do exílio voluntário dos carijós, na *Nova Gazeta da Terra do Brasil*, se encontra em Carlos Malheiro Dias, op. cit., v. II, p. 386.

As citações de Olive Patricia Dickason provêm de *The Myth of Savage*, já citado, pp. 205-29 ("Amerindians in Europe").

O diário do Senhor de Gouberville, assim como outras fontes para o conhecimento da vida quotidiana no século XVI, é citado e estudado em Abel Lefranc, *La vie quotidienne au temps de la renaissance*.

A citação de Affonso Arinos de Mello Franco provém de *O índio brasileiro e a Revolução Francesa*, p. 64.

Os trechos citados de Lévi-Strauss se encontram em: *Race et histoire*, Paris, Denoel-Gonthier, 1981 (1ª ed.: UNESCO, 1961), pp. 51-6 ("Place de la civilisation occidentale") e p. 73; "Race et culture" (1971), in *Le regard éloigné*, Paris, Plon, 1983, p. 47.

Sobre os índios brasileiros na França no século XVI, ver as obras citadas de Ferdinand Denis, Paul Gaffarel, Affonso Arinos, John Hemming e Olive Patricia Dickason. Para retraçar esse quadro, e restringi-lo ao que se refere aos índios brasileiros na Normandia e arredores, cruzei dados variados e nem sempre coincidentes. De modo geral, Affonso Arinos é a fonte mais fiável, e Gaffarel a menos. Sobre Gonneville e Essomericq, Hemming e Dickason parecem não ter recorrido às fontes primárias e, por isso, cometem pequenos enganos. A citação de Eusébio de Cesaréia é dada na versão de Affonso Arinos; mas corrigi certas repetições e omissões no fim da mesma. Sobre a índia batizada em Saint-Malo em 1527, numerosos historiadores (inclusive Olga Obry) a confundem com Paraguaçu. Sobre os seis índios encontrados na ilha de Santa Helena, recorri também ao relato de Jean-Michel Barrault, em *Le Sacre et la Pensée*, pp. 227 e 241. O relato da festa de Ruão provém, essencialmente, de Ferdinand Denis, *Une fête brésilienne célébrée à Rouen en 1550*, Paris, Techener, 1850.

Sobre os turgimões franceses selvagizados, ver Léry, Gaffarel, Affonso Arinos e Frank Lestringant, op. cit.

O comentário de Michel Mollat acerca do batismo de Essomericq se encontra na mesma obra acima citada, pp. 315-6. O devaneio de Lévi-Strauss sobre um encontro igualitário na América está expresso numa entrevista sobre seu último livro, *Histoire de lynx*, publicada pelo jornal *Libération* em 1991.

O "índio de tocheiro" repelido por Oswald de Andrade se encontra no "Manifesto antropófago" (*Obras completas* VI, *Do pau-brasil à antropofagia e às utopias*, Rio de Janeiro, Civilização Brasileira, 1970, p. 18).

BIBLIOGRAFIA

Abreu, J. Capistrano de. *O descobrimento do Brasil.* 2ª ed. Rio de Janeiro, Civilização Brasileira/INL, 1976.

Anchieta, José de. *Informação do Brasil e de suas Capitanias* (*1584*). São Paulo, Editora Obelisco, 1964. (Col. Cadernos de História, nº 3.)

Anthiaume, A. *Cartes maritimes. Constructions navale. Voyages de Décourvertes chez les Normands. 1500-1650.* Paris, Ernest Dumont Editeur, 1916. 2 v.

Araripe, Tristão de Alencar. "Primeiro navio francez no Brazil", memoria lida em sessão do Instituto Histórico e Geographico. In *Revista Trimestral do Instituto Histórico, Geographico e Ethnographico do Brazil.* Rio de Janeiro, 1886. T. XLIX, v. 2, pp. 315-60.

Aristóteles. *Poética.* Trad. Eudoro de Sousa. Porto Alegre, Globo, 1966.

Atkinson, Geoffroy. *Nouveaux horizons de la Renaissance française.* Paris, Droz, 1935.

Barrault, Jean-Michel. *Le Sacre et la Pensée — Les capitaines-poètes de Jean Ango ouvrent la route des Indes fabuleuses.* Paris, Seghers, 1989.

Boissais, M. "Binot Paulmier, dit le Capitaine de Gonneville, commandant du navire l'Espoir, 1503-1505. Ses origines, son voyage, sa descendance", comunicação apresentada no Congrès de Honfleur em 1911 publicada no *Annuaire des 5 départements de la Normandie,* Association normande, 79e année, 1912.

Borges, Pedro. *Misión y civilización en América.* Madrid, Alhambra, 1987.

Bréard, Charles. *Notes sur la famille du Capitaine Gonneville, navigateur normand du XVIe siècle.* Rouen, Imprimerie de l'Espérance Cagniard, 1885.

________ *Le vieux Honfleur et ses marins.* Rouen, Imprimerie Cagniard, 1897. (Reimpr.: Marseille, Laffitte Reprints, 1977.)

________ *Les anciennes confréries de Honfleur.* Caen, Henri Delesques Imprimeur Editeur, 1912.

________ & Paul Bréard. *Documents relatifs à la marine normande et à ses armements au XVIe et XVIIe siècles.* Rouen. A. Lestringant, 1889.

Brosses, Charles de. *Histoire des Navigations aux Terres Australes.* Paris, Durand, 1756. 2 v.

Caminha, Pero Vaz de: "Carta". In *Descobrimentos portugueses, documentos para a sua história.* Ed. João Martins da Silva Marques. Lisboa, Edição do Instituto de Alta Cultura, 1971. V. *III*, pp. 592-607.

Caminha, Pero Vaz de. *A carta de Pero Vaz de Caminha.* Estudo crítico de J. F. de Almeida Prado. Texto e glossário de Maria Beatriz Nizza da Silva. 2ª ed. Rio de Janeiro, Agir, 1977.

Cartier, Jacques. *Voyages au Canada. Avec les relations des voyages en Amérique de Gonneville, Verrazano et Roberval.* Ed. Ch. A. Julien, R. Heval, Th. Beauchesne. Introd. Ch. A. Julien. Paris, François Maspero, 1981.

Carvalho, Joaquim Barradas de. "A literatura portuguesa de viagens (séculos XV, XVI e XVIII)". *Revista de História* nº 81, São Paulo, 1970.

________ *As fontes de Duarte Pacheco Pereira no "Esmeraldo de Situ Orbis".* Lisboa, Imprensa Nacional/Casa da Moeda, 1982.

________ *A la recherche de la spécificité de la renaissance portugaise.* Paris, Fundação Calouste Gulbenkian, 1983. V. I, pp. 273-398.

Céard, Jean (dir.). *La curiosité à la Renaissance.* Paris, SEDES, 1986.

________ & Margolin, Jean-Claude (dir.). *Voyager à la Renaissance.* Paris, Editions Maisonneuve et Larose, 1987.

Chandeigne, Michel (dir.). *Lisbonne hors les murs. 1415-1580. L'invention du monde par les navigateurs portugais.* Paris, Editions Autrement, 1990.

Chaunu, Pierre. *Conquista e exploração dos novos mundos (Século XVI).* Trad. Jordino Marques e Maurílio Camello. São Paulo, Pioneira/Edusp, 1984.

Chiappelli, Fredi (ed.). *First Images of America — The Impact of the New World on the Old.* Los Angeles, University of California Press, 1976, 2 v.

Chinard, Gilbert. *L'exotisme américain dans la littérature française au XVIᵉ siècle.* Genève, Slatkine Reprints, 1970. (1ª ed. Paris, 1911.)

Chocheyras, Jacques (dir.), *Le voyage austral.* Equipe de recherche sur le voyage, Genoble, Université des Langues et Lettres de Genoble, 1984.

Clastres, Hélène. *Terra sem mal, o profetismo tupi-guarani.* Trad. Renato Janine Ribeiro. São Paulo, Brasiliense, 1978.

Communications nº 8 (*L'Analyse structurale du récit).* Paris, Larousse, 1967.

Cortesão, Jaime. *A carta de Pero Vaz de Caminha.* Rio de Janeiro, Livros de Portugal, 1943.

D'Avezac, M. *Campagne du navire l'Espoir de Honfleur, 1503-1505. Relation authentique du voyage du Capitaine de Gonneville ès Nouvelles Terres des Indes.* Paris, Challamel, 1869.

Denis, Ferdinand. *Une fête brésilienne célébrée à Rouen en 1550.* Paris, Techener, 1850.

Denoix, Com. L. "Caractéristiques des navires à l'époque des grandes découvertes". In *Les aspects internationaux de la découverte océanique aux XVᵉ et XVIᵉ siècles.* Actes du Cinquième Colloque International d'Histoire Maritime. Paris, Ecole Pratique des Hautes Etudes, 1966.

Desmarquets, Jean-Antoine-Samson. *Mémoires chronologiques pour servir à l'histoire de Dieppe, et à celle de la navigation française.* Dieppe, 1875. 2 v. Reed. fac-símile: Luneray, Bertout, 1976.

Dickason, Olive Patricia. *The myth of the savage.* Edmonton, The Unviversity of Alberta Press, 1984.

Dias, Carlos Malheiro (dir.). *História da colonização portuguesa do Brasil.* Edição Monumental Comemorativa do Primeiro Centenário da Independência do Brasil. Porto, Litografia Nacional, 1921. 3 v.

Duarte Leite. "A carta de Pero Vaz de Caminha". In *História dos descobrimentos — Coletânea de esparsos.* Org. V. Magalhães Godinho. Lisboa, Cosmos, 1959. V. I, pp. 539-47.

Domingos, Francisco Contente. "Vaisseaux et mariniers". In *Lisbonne hors les murs.* Paris, Autrement, 1990.
Duviols, J. P. *Voyageurs français en Amérique — Colonies espagnoles et portugaises.* Paris, Bordas, 1978.
Estancelin, Louis. *Recherches sur les voyages et découvertes des navigateurs normands en Afrique, dans les Indes Orientales et en Amérique.* Paris, Delaunay, 1832.
Ferreira, Duarte Pacheco. *Esmeraldo de Situ Orbis.* Ed. Augusto Epifânio da Silva Dias. Lisboa, Sociedade de Geografia de Lisboa, 1975.
Fiske, John. *The Discovery of America, with some Account of ancient. America and the Spanish conquest.* London, Macmillan, 1982. 2 v.
Foigny, Gabriel de, *La Terre Australe connue, c'est-à-dire la description de ce pays inconnue jusqu'ici, par M. Sadeur* [...], Paris, Claude Barbin, 1692.
Flacourt, Etienne de. *Histoire de la Grande Isle de Madagascar, composée par le Sieur de Flacourt, Directeur General de la Compagnie Françoise de l'Orient & Commandant pour Sa Majesté dan la dite Isles & és Isles adjacentes — Avec une Relation de ce qui s'est passé és années 1655-1656 & 1657, non encore veue par la première Impression.* Paris, Gevais Clouzier, 1661.
Franco, Affonso Arinos de Mello. *O índio brasileiro e a Revolução Francesa.* Rio de Janeiro, José Olympio, 1937.
Gaffarel, Paul. *Histoire du Brésil français au XVIe siècle.* Paris, Maisonneuve, 1878.
Galvão, Ramiz, "O novo livro do Sr. Paulo Gaffarel", in: *Revista Brasileira,* vol. 1, Rio de Janeiro, 1879.
Gliozzi, Giuliano. *Adamo e il Nuovo Mondo — La nascita dell'antropologia come ideologia coloniale; delle genealogie bibliche alle teorie razziali (1500-1700).* Firenze, La Nuova Italia Editrice, 1977.
Góis, Damião. *Lisboa de Quinhentos ou descrição da cidade de Lisboa pelo cavaleiro português Damião de Góis* (1554).Trad. do latim por Raul Machado. Lisboa, Livraria Avelar Machado, 1937.
Godinho, Vitorino Magalhães. "Crises et changements géographiques et structuraux au XVIe siècle". In *Revista de Economia.* Lisboa, 1958. V. XI, pp. 1-14.
________ *Os descobrimentos e a economia mundial.* Lisboa, Presença, s.d. (1981-83). 4 v.
Grandidier, A.; Charles-Roux; Delhorme, Cl.; Froidevaux, H. & Grandidier, G. *Colection des ouvrages anciens concernant Madagascar.* Paris, Comité Madagascar, 1903.
Greimas, A. J. *Sémantique structurale.* Paris, Larousse, 1966.
Guénin, Eugène. *Ango et ses pilotes.* Paris, Imprimerie Nationale, 1901.
Hemming, John. *Red Gold — The Conquest of the Brazilian Indians.* London, Macmillan, 1978.
Holanda, Sérgio Buarque de (dir.). *História da Civilização Brasileira.* São Paulo, Difusão Européia do Livro, 1963.
________ *Visão do paraíso,* 3ª ed. São Paulo, Nacional, 1977.
Jeannin, Pierre. *Les marchands au XVIe siècle.* Paris, Seuil, 1957.
Julien, Ch.-A.; Herval; Beauchesne, Th. (ed.). *Les Français en Amérique pendant la première moitié du XVIe siècle. Avec les relations de Gonneville, Verrazano, Cartier et Roberval.* Introd. Ch.-A. Julien. Paris, Presses Universitaires de France, 1946.
Julien, Ch.-A. *Les voyages de découverte et les primiers établissements (XVe-XVIe siècles),* Saint Pierre de Salerne, Gérard Monfort Editeur, 1979.
Lapouge, Gilles. *Les Pirates.* Paris, André Balland, 1969.

La Roncière, Charles de. *Histoire de la marine française.* III, Librairie Plon, Paris, 1923.

Le Court, Henry. *Trois chanoines de Lisieux issus d'un roi indien.* In *Études d'Histoire Normande.* Lisieux, Imprimerie E. Lerebour, 1900.

Lefranc, Abel. *La vie quotidienne au temps de la renaissance.* Paris, Hachette, 1938.

Leite, Serafim (ed.). *Cartas dos primeiros jesuítas do Brasil.* Comissão do IV Centenário da Cidade de São Paulo. São Paulo, 1954. 2 v.

Léry, Jean de. *Viagem à terra do Brasil.* Trad. Sérgio Milliet. São Paulo, Martins/Edusp, 1972.

Lescarbot, Marc. *Histoire de la Nouvelle France.* Paris, Jean Millot, 1609.

Lestringant, Frank. *Le Huguenot et le Sauvage.* Paris, Aux Amateurs de Livres, 1990.

Letria, Jorge José. "Lisboa, cravo e canela". In *Jornal de Letras.* Lisboa, 8/5/1990. p. 20.

Lévi-Strauss, Claude. *Race et histoire.* Paris, Denoel-Gounthier, 1981.

________ "Race et culture" (1971). In *Le regardd éloigné.* Paris, Plon, 1983, pp. 21-48.

Lima-Barbosa, Mario de. *Les Français dans l'histoire du Brésil.* Rio de Janeiro/Paris, Briguiet/Blanchard, 1923.

Littérales nº 7 (*Les modèles du récit de voyage*). Centre de Recherches du Département de Français de Paris X — Nanterre, 1990.

Lussagnet, Suzanne (ed.). *Les Français en Amérique pendant la deuxième moitié du XVIe siècle.* Paris, PUF, 1958.

Maran, René. *Les pionniers de l'Empire.* Paris, Algin Michel 1943.

Marchant, Alexander. *Do escambo à escravidão.* Trad. Carlos Lacerda. 2ª ed. São Paulo, Nacional/INL/MEC, 1980.

Margry, Pierre. *Les navigations françaises et la révolution maritime du XIVe au XVIe siècle.* Pris, Librairie Tross, 1867.

Martire d'Anghiera, Pietro. *Mondo Nuovo* (*De Orbe Novo*). Ed. Temistocle Celotti. Milano, Ed. Alpes, 1930.

Mauro, Frédéric. "Navires et constructions navales en Europe Occidentale au XVIe et XVIIe siècles. Points de départ pour une étude comparée". In *Les aspects internationaux de la découverte océanique aux XVe e XVIe siècles.* Actes du Cinquième Colloque International d'Histoire Maritime. Paris, Ecole Pratique des Hautes Etudes, 1966.

Melià, Bartolomeu; Saul, Marcos Vinicios de Almeida; Muraro, Valmir Francisco. *O Guarani — Uma bibligrafia etnológica.* Santo Ângelo, Fundames/Centro de Cultura Missioneira, 1987.

Métraux, Alfred. *La civilisation matérielle des tribus tupi-guarani.* Paris, Geuthner, 1928.

________ *Handbook of South American Indians.* Washington, 1948.

Mignolo, Walter. "Cartas, crónicas y relaciones del descubrimiento y la conquista". In *Historia de la literatura hispanoamericana.* Madrid, Cátedra, 1982. V. I, pp. 57-111.

Mollat, Michel. *La vie quotidienne des gens de mer en Atlantique, IXe-XVIe siècle.* Paris, Hachette, 1983.

Montaigne, Michel de. *Ensaios.* Trad. Sérgio Milliet. Porto Alegre, Globo, 1961.

Moraes, Rubens Borba de. *Bibliographia Brasiliana — Rare Books about Brazil Published from 1504 to 1900 and Works by Brazilian Authors of the Colonial Period.* 2ª ed. Los Angeles/Rio de Janeiro, UCLA/Kosmos, 1983. 2 v.

Mota, A. Teixeira da. "Novos documentos sobre uma expedição de Gonçalo Coelho ao Brasil". In *Agrupamento de Estudos de Cartografia Antiga,* XXV. Lisboa, Junta de Investigações do Ultramar, 1969. pp. 5-13.

Obry, Olga. *Catherine du Brésil, filleule de Saint-Malo.* Paris, Nouvelles Editions Latines, 1953.

O'Reilly, Patrick. "Le chanoine Paulmier Courtonne". In *Revue des Missions,* 9ᵉ année, nº 3, Paris, sept. 1932.

Paulmier de Courtonne, Jean. *Mémoires touchant l'établissement d'une Mission chrestiene dans le troisième monde, autrement apellé la Terre Australe, Méridionale, Antartique & Inconnue, Dediez à Notre S. Père le Pape Alexandre III par un Ecclesiastique Originaire de cette mesme Terre.* Paris, Cramoisy, 1663.

Pereira, Carlos da Costa, *História de São Francisco do Sul,* Florianópolis, UFSC/Prefeitura Municipal de São Francisco do Sul, 1984.

Pinto, João Rocha. *A Viagem — Memória e Espaço* (*A Literatura Portuguesa de Viagens — Os primitivos relatos de viagem ao Índico — 1497-1500*). Lisboa, Sá da Costa, 1989.

Prado, J. F. de Almeida. *Primeiros povoadores do Brasil* (*1500-1530*). 3ª ed. São Paulo, Nacional, 1954. (1ª ed.: 1939.)

Propp, V. I. *Morfologia do conto maravilhoso.* Trad. Jasna Paravich Sarhan. Org. Boris Schnaiderman. Rio de Janeiro, Forense Universitária, 1984.

Sousa, Gabriel Soares de. *Tratado descritivo do Brasil em 1587.* São Paulo, Nacional, 1971. (Brasiliana, v. 117.)

Théorie de la littérature (Textes des formalistes russes). Trad. T. Todorov. Paris, Seuil, 1965.

Thérien, Gilles (dir.). *Les figures de l'Indien.* Les Cahiers du Département d'études Littéraires nº 9. Montréal, Université du Québec à Montréal, 1988.

Thevet, André. *As singularidades da França Antártica.* Trad. Eugenio Amado. Belo Horizonte, Edusp/Itatiaia, 1978.

Thieury, Jules. *Le Portugal et la Normandie jusqu'-a la fin du XVIᵉ siècle, Relations, Commerce.* Paris, Aubry, 1860.

Thomas, Pierre Philippe Urbain. *Histoire de la ville de Honfleur.* Honfleur, E. Dufray, 1840.

Todorov, Tzvetan. *La Conquête de l'Amérique — La question de l'autre.* Paris, Seuil, 1982. (*A conquista da América — A questão do outro.* Trad. Beatriz Perrone-Moisés. São Paulo, Martins Fontes, 1983.)

________ *Nous et les autres.* Paris, Seuil, 1989.

________ *Les morales de l'histoire.* Paris, Grasset, 1991.

Trémarec, Kerguélen de. *Relation de deux voyages dans les mers australes et des Indes.* Paris, 1782.

Vasconcelos, Simão de. *Crônica da Companhia de Jesus do Estado do Brasil.* Lisboa, 1663.

Verlinden, Charles. "Paulmier de Gonneville e os índios do Brasil em 1504". In *Revist de História* nº 39, ano X. São Paulo, jul.-set. 1959. V. XIX, pp. 3-17.

Zumthor, Paul. *La lettre et la voix.* Paris, Seuil, 1987.

ÍNDICE ONOMÁSTICO

ESTA OBRA FOI COMPOSTA PELA HELVÉTICA EDITORIAL EM GARAMOND LIGHT E IMPRESSA PELA GEOGRÁFICA EM OFF-SET SOBRE PAPEL IMPRESSIO DA VOTORANTIM PARA A EDITORA SCHWARCZ EM JUNHO DE 1996.